Anna Breitsameter | Isabel Buchwald-Wargenau
Stefan Dirr | Sabine Glas-Peters | Ines Haelbig
Susanne Schindler | Leonore Spiegel

MOMENTE B1.1

DEUTSCH ALS FREMDSPRACHE

Arbeitsbuch

PLUS INTERAKTIVE VERSION

Hueber Verlag

Unter www.hueber.de/momente finden Sie
zahlreiche Zusatzmaterialien zum Lehrwerk.

Der Verlag weist ausdrücklich darauf hin, dass im Text enthaltene externe Links vom Verlag nur bis zum Zeitpunkt der Buchveröffentlichung eingesehen werden konnten. Auf spätere Veränderungen hat der Verlag keinerlei Einfluss. Eine Haftung des Verlags ist daher ausgeschlossen.

5. 4. 3. | Die letzten Ziffern
2029 28 27 26 25 | bezeichnen Zahl und Jahr des Druckes.
Alle Drucke dieser Auflage können, da unverändert,
nebeneinander benutzt werden.
1. Auflage

Umschlaggestaltung: Sieveking Agentur, München
Layout und Satz: Sieveking Agentur, München
Verlagsredaktion: Anna Meißner-Probst, Timea Thomas und Nikolin Weindel,
Hueber Verlag, München
GPSR-Kontakt: Hueber Verlag GmbH & Co. KG, Baubergerstraße 30,
80992 München, kundenservice@hueber.de
Druck und Bindung: FIRMENGRUPPE APPL Holding GmbH & Co. KG,
Senefelderstraße 3–11, 86650 Wemding, info@appl.de
Printed in Germany
ISBN 978-3-19-011793-2

Art. 530_26458_001_03

Wegweiser

LEKTION – AUFBAU

Abwechslungsreiche Übungen zu W Wortschatz, G Grammatik und K Kommunikation, Partneraufgabe

Aussprache, Sprechen, Schreiben und Mediation

Grammatik entdecken

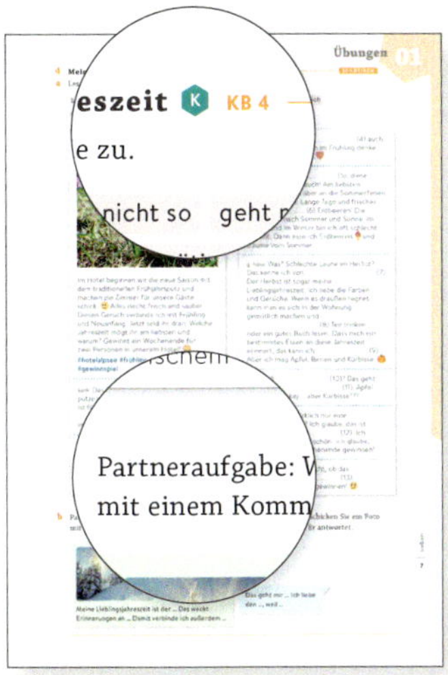

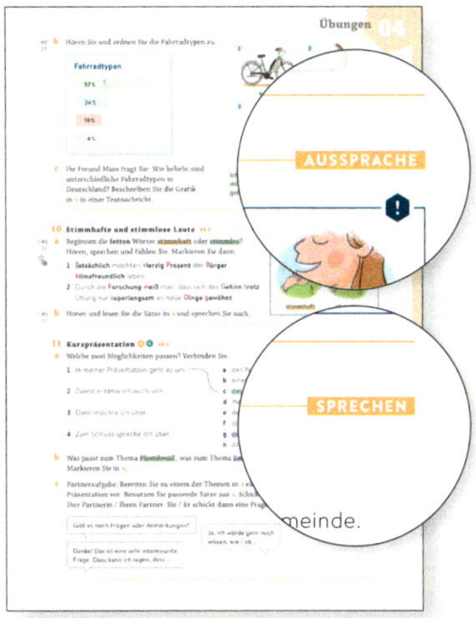

MODULENDE – AUFBAU

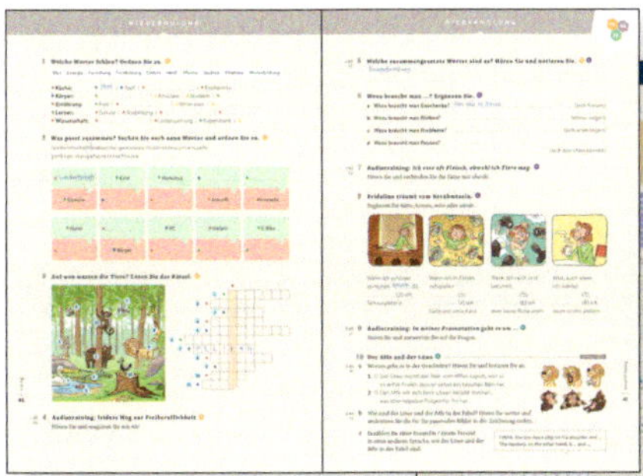

Wiederholung und interlinguale Mediation

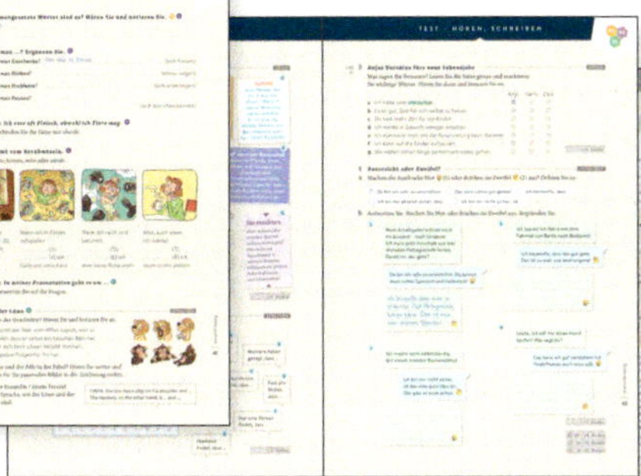

Test zu den vier Fertigkeiten

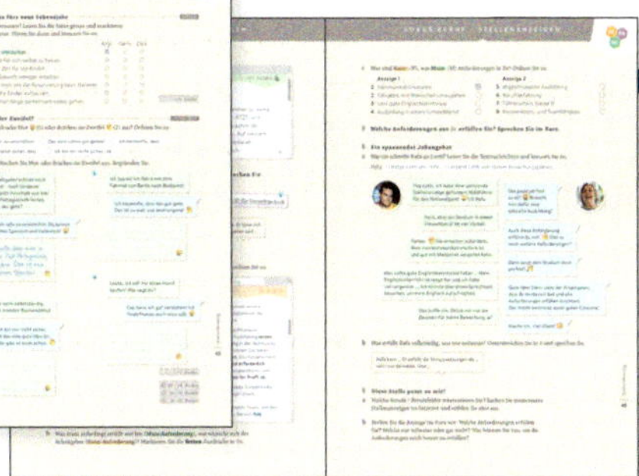

Fokus Beruf

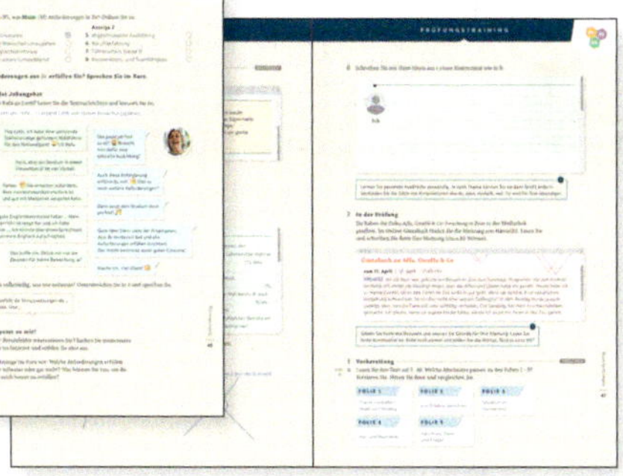

Prüfungstraining (vier Seiten)

ANHANG – AUFBAU

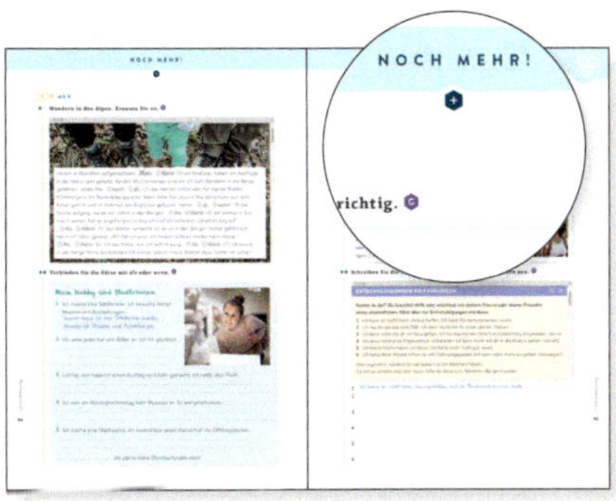

Binnendifferenzierende Aufgaben

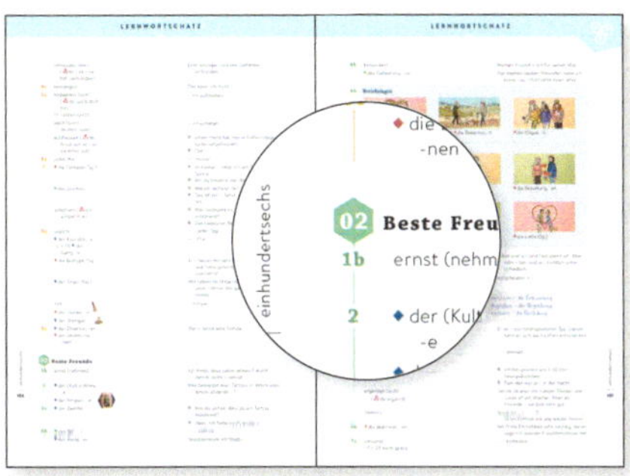

Lernwortschatz

Lösungen zu den Fertigkeitentests

Inhalt

01 Das weiß ich noch genau!

1 **Bens Party. Ergänzen Sie die Verben in der richtigen Form.** W G KB 1

begrüßen ~~erkennen~~ lächeln sich vor|stellen so tun winken

1 Ben *erkennt* Lotte nicht.
2 Lotte denkt: „Warum .... Ben mich gar nicht? Wir waren doch zusammen im Tanzkurs!"
3 Karla ruft und ...., aber Leo ...., als ob er sie nicht sehen würde.
4 Nils kennt schon alle Partygäste, nur Pippa nicht. Er ...., sie .... genervt.

2 **Soziale Kontakte** G KB 1

a Lesen Sie den Forumsbeitrag und schreiben Sie Sätze mit *Wenn* …

SORGEN-CHAT

Carlo allein zu Haus Hallo! Ich habe ständig Probleme mit anderen Menschen und frage mich: Ist mein Verhalten richtig? Hier ein paar Beispiele:

1 Ich rufe nicht zurück. (Mein Bruder ruft an.)
2 Ich bleibe zu Hause. (Meine Freunde gehen zusammen ins Kino.)
3 Ich verstecke mich. (Ich sehe meine Nachbarin auf der Straße.)
4 Ich bedanke mich nicht. (Meine Mutter lädt mich zum Essen ein.)
5 Ich antworte nicht. (Mein Kollege grüßt.)
6 Ich tue so, als ob ich sie nicht kenne. (Meine Chefin winkt.)

Mache ich wirklich alles falsch? Wie reagiert ihr eigentlich in diesen Situationen?

1. Wenn mein Bruder anruft, rufe ich nicht zurück.
2. Wenn meine …

b Wie reagieren Sie in den Situationen in a? Schreiben Sie.

anrufen ein Geschenk kaufen freundlich lächeln ~~grüßen~~ mitgehen sich unterhalten …

Sunny_10 Wirklich? Ich grüße meine Nachbarin, wenn ich sie auf der Straße sehe. Und ich … Außerdem …

3 **Was passt? Markieren Sie zwei bis drei richtige Wörter.** W KB 4

a verbinden mit einem Geruch | einem Gefühl | Musik
b wecken Erinnerungen | die Realität | Gefühle
c beschreiben den Weg | Erlebnisse | das Alter
d erzählen von der Jugend | der Vergangenheit | Erlebnissen
e erleben eine schöne Zeit | den Erwachsenen | Abenteuer
f planen die Zukunft | ein Gefühl | einen Urlaub

4 Meine Lieblingsjahreszeit K KB 4

SCHREIBEN

a Lesen Sie und ordnen Sie zu.

bei mir anders | echt | eher nicht so | geht mir | genau | ich bestätigen | kenne ich | ~~mir auch so~~ | mir nicht | nicht bestätigen | wie | wirklich stimmt | zum Beispiel

hotelalpsee

Im Hotel beginnen wir die neue Saison mit dem traditionellen Frühjahrsputz und machen die Zimmer für unsere Gäste schick. 🙂 Alles riecht frisch und sauber. Diesen Geruch verbinde ich mit Frühling und Neuanfang. Jetzt seid ihr dran: Welche Jahreszeit mögt ihr am liebsten und warum? Gewinnt ein Wochenende für zwei Personen in unserem Hotel! 😀
#hotelalpsee #frühling #jahreszeiten #gewinnspiel

karli Das ist bei *mir auch so* (1): Im Frühling putze ich das ganze Haus! Der Frühling ist für mich ein Neuanfang: Das kann .... (2). Ich habe im Frühling immer richtig viel Energie!

lina_2020 Das .... (3) genauso: Ich liebe den Frühling, weil alles frisch und bunt ist. Das weckt Erinnerungen an meine Kindheit: Wir hatten einen Garten. Ich erinnere mich gern an den Geruch von frischem Gras und Blumen! 💐

Gustl30 Ja, das .... (4) auch: Bei den ersten Blumen im Frühling denke ich an meine Kindheit. 🧡

sonnenblume .... (5), diese Gerüche liebe ich auch! Am liebsten erinnere ich mich aber an die Sommerferien bei meiner Oma: Lange Tage und frisches Obst .... (6) Erdbeeren! Die schmecken nach Sommer und Sonne. Im Herbst und im Winter bin ich oft schlecht gelaunt. Dann esse ich Erdbeereis 🍦 und träume vom Sommer.

g_höss Was? Schlechte Laune im Herbst? Das kenne ich von .... (7). Der Herbst ist sogar meine Lieblingsjahreszeit. Ich liebe die Farben und Gerüche. Wenn es draußen regnet, kann man es sich in der Wohnung gemütlich machen und .... (8) Tee trinken oder ein gutes Buch lesen. Dass mich ein bestimmtes Essen an diese Jahreszeit erinnert, das kann ich .... (9). Aber ich mag Äpfel, Birnen und Kürbisse. 🎃

lina_2020 .... (10)? Das geht mir .... (11). Äpfel und Birnen, okay ... aber Kürbisse???

RobbiS Ihr habt wirklich nur eine Lieblingsjahreszeit? Ich glaube, das ist .... (12). Ich finde das ganze Jahr schön. Ich glaube, ihr wollt nur das Wochenende gewinnen!

hotelalpsee Ich weiß nicht, ob das .... (13). Eigentlich kann jeder gewinnen! 😉

b Partneraufgabe: Welche Jahreszeit mögen Sie am liebsten und warum? Schicken Sie ein Foto mit einem Kommentar wie in **a** an Ihre Partnerin / Ihren Partner. Sie / Er antwortet.

Meine Lieblingsjahreszeit ist der ... Das weckt Erinnerungen an ... Damit verbinde ich außerdem ...

Das geht mir ... Ich liebe den ..., weil ...

5 Fridolin und Fridoline streiten: Lebt Fridolin wirklich gesund? G KB 5

a Wann verwendet man wenn, wann als? Unterstreichen Sie die Ausdrücke 1 – 8 und ergänzen Sie.

- ○ **Wenn** ich Urlaub habe, mache ich jeden (1) Morgen Sport und gehe meistens (2) schwimmen.
- □ Na ja … **Als** du letzte (3) Woche frei hattest, warst du nur einmal (4) im Schwimmbad.
- ○ Na und?! **Als** ich elf Jahre alt (5) war, war ich der beste Schwimmer in meiner Schule! Und: Ich bin immer noch sehr sportlich! **Als** ich gestern (6) nach Hause kam, habe ich Yoga gemacht.
- □ Yoga? Du hast auf dem Sofa geschlafen, wie die Abende davor! Immer (7) **wenn** du Feierabend hattest, warst du zu müde. Aber **wenn** du heute (8) nach Hause kommst, machen wir zusammen Yoga!!

	Gegenwart	Vergangenheit
einmal	wenn	
öfter		

b *Wenn* oder *als*? Ergänzen Sie. Markieren Sie dann die Verben in den Satzteilen mit *wenn* und *als*: Wo steht das Verb?

- ○ Im Sommer habe ich jedes Mal auf Eis verzichtet, wenn (1) das Wetter schön war.
- □ Falsch! Immer ______ (2) es warm war, hast du sehr viel Eis gegessen.
- ○ Aber ______ (3) wir letzten Samstag im Restaurant waren, habe ich einen Salat bestellt.
- □ Wirklich? Du bestellst meistens Pizza oder Nudeln, ______ (4) wir essen gehen.

6 Erinnerungen: Schreiben Sie die Sätze mit *wenn* oder *als* neu. G KB 5

a Ich war zwölf Jahre alt. Ich bin zum ersten Mal in ein Feriencamp nach Italien gefahren.
b Das Wetter war schön. Wir haben oft Ausflüge gemacht.
c Wir haben einmal eine Stadttour gemacht. Wir haben auch ein interessantes Museum besichtigt.
d Es war dunkel. Wir haben meistens ein Lagerfeuer gemacht.
e Ich schaue heute Dokus über Italien an. Ich denke immer an diese schöne Zeit zurück.

Als ich zwölf Jahre alt war, bin ich …

+ NOCH MEHR?
Seite 94

7 Schwebende Satzmelodie in Haupt- und Nebensätzen KB 5 AUSSPRACHE

1 01 **a** Geht die Melodie nach unten (↘) oder nicht (→)? Hören Sie, ordnen Sie zu und ergänzen Sie die Regel.

1 Wenn ich an meine Jugend denke →, erinnere ich mich an viele lustige Erlebnisse ___.
2 Als ich in der 8. Klasse war ___, hatte ich aber nicht viel Lust auf Schule ___.
3 Ich hatte oft Ärger mit den Lehrern ___.
4 Die besten Stunden waren für mich Biologie ___, Mathe ___ und natürlich Sport ___.
5 Immer wenn ich eine gute Note bekam ___, gab es Geld ___ oder ein Geschenk ___.

> **!** bei einem Punkt: ↘, bei einem Komma: ___, bei Aufzählungen mit Komma oder *und*: ___

b Hören Sie die Sätze aus a noch einmal und sprechen Sie nach.

8 In der Schule W KB 8

a Wo warten alle vor dem Unterricht? Ergänzen Sie und lösen Sie das Rätsel.

1 Jeden Morgen klingelt um 8 Uhr in der Schillerschule die G l o c k e (1): Der Unterricht beginnt.

2 Jetzt ist der Schulhof *leer* und die Klassenzimmer sind _ _ _ _ (2) _ _ _ _ .

3 Frau Özdemir leitet die Schule, sie ist also die _ (6) _ _ _ _ _ _ _ (4) _ _ .

4 Sie ist auch Lehrerin. Sie redet *jeden Tag*, also _ _ _ _ (5) _ _ , in mehreren Klassen begeistert über Pflanzen und Tiere: Sie unterrichtet _ _ _ _ (7) _ _ _ .

5 Wenn jemand zu spät kommt, schimpft sie und man bekommt richtig _ (8) _ _ (3) . Wer aber pünktlich ist, bekommt einen 🙂-Stempel.

Lösung: Alle warten auf dem K _ _ _ _ _ _ _ . (1 2 3 4 5 6 7 8)

b Partneraufgabe: Wie heißen die Wörter aus a in anderen Sprachen? Wählen Sie drei Wörter und schicken Sie Sprachnachrichten an Ihre Partnerin / Ihren Partner. Sie / Er reagiert.

[Wie heißt „Glocke" in anderen Sprachen?]

[Auf Englisch heißt *Glocke* „bell". Und auf Französisch heißt *Glocke* „cloche", glaube ich. Und wie heißt eigentlich ...?]

9 Die schönste Erinnerung K KB 8 SPRECHEN

1 02 **a** Hören Sie eine Radiosendung zum Thema *Kindheitserinnerungen*. Wer sagt was? Hören Sie und verbinden Sie.

Aga	Geschwister	Berge	Picknick
Lukas	Klassenfahrt	Campingplatz	Karaoke
Lorena	Sommerferien	Geburtstag	Sternenhimmel

b Welche Erfahrungen haben die drei Personen aus a genau gemacht? Hören Sie noch einmal und lesen Sie das Transkript auf Seite 133 mit. Unterstreichen Sie wichtige Stellen und machen Sie dann Notizen.

c Ihre Freundin Alyssa hat die Radiosendung in a auch gehört. Nach der Sendung bekommen Sie eine Textnachricht von ihr. Antworten Sie mit einer Sprachnachricht.

Hast du die Sendung heute auch gehört? Leider habe ich nicht ganz verstanden, was die drei Personen gesagt haben. Du? Was haben sie genau erlebt? Danke! Alyssa

[Ja, das war eine spannende Sendung! Ich habe das Interview zufällig auch als Text gefunden und nochmal nachgelesen. Also: ...,]

02 Beste Freunde

1 Empfindungswörter KB 1 — AUSSPRACHE

1 03 **a** Was passt? Hören Sie und verbinden Sie.

1 Ich freue mich total!
2 So ein Pech!
3 Das ist ja toll!
4 Das hat weh getan!

a Au!
b Ey!
c Tja!
d Hurra!

5 Das tut mir wirklich leid!
6 Das war echt schwierig!
7 Was soll ich sagen?
8 Das schmeckt mir überhaupt nicht!

e Puh!
f Oh!
g Igitt!
h Ähm ...

1 04 **b** Hören Sie und sprechen Sie das richtige Empfindungswort mit der passenden Emotion.

2 Was passt? Kreuzen Sie an. W KB 2

www.tattoo.de/forum

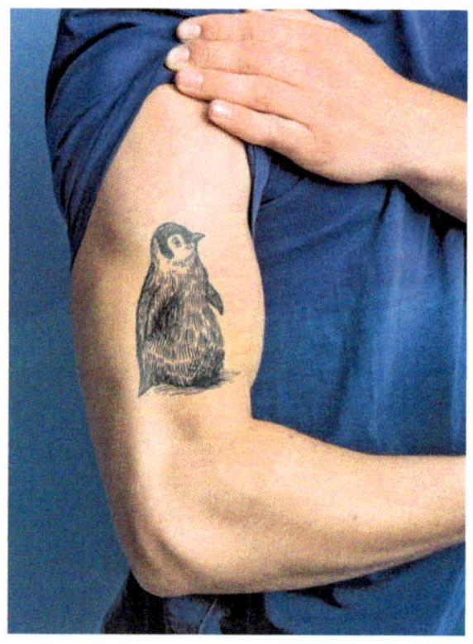

Stepstone Das ist mein erstes ○ Bild [x] Tattoo (1). Meine Freundin hat sich auch so einen ○ Pinguin ○ Eisbären (2) stechen lassen. Für uns ist dieses ○ Thema ○ Motiv (3) ein Zeichen für unsere ○ Freundschaft ○ Erinnerung (4). Tattoos haben in vielen ○ Landschaften ○ Kulturkreisen (5), z. B. in Japan oder bei den Maori in Neuseeland, eine lange Tradition. Dort haben sie unterschiedliche ○ Bedeutungen ○ Meinungen (6). Wir waren ein bisschen nervös, aber der Tätowierer hat unsere Angst ernst ○ genommen ○ gemacht (7) und alles erklärt.

Lovely ○ Ey ○ Tja (8), das sieht echt super aus. Hat's eigentlich wehgetan?

Stepstone ○ Ähm ○ Igitt (9), schon ziemlich. Es lohnt sich aber!

Lovely ○ Hurra ○ Puh (10), dann lasse ich mir lieber kein Tattoo machen!

3 Wohnungsanzeige. Suchen Sie noch sechs Wörter und ordnen Sie zu. W KB 3

quadratmeter|einbaukücheerdgeschossnebenkosten
stadtrandtoilettemonatsmiete

a ....

b ....

c ....

WOHNUNG ZU VERMIETEN
3 Zimmer 50 **qm**
im **EG**
mit **EBK**
Bad und **WC** getrennt
40 Minuten ins Zentrum
MM 700 Euro + **NK**

d Quadratmeter

e ....

f am ....

g ....

4 Ein Haustier in unserer WG K KB 3

SPRECHEN

a Was passt? Lesen Sie und ordnen Sie zu.

1 da so meine Zweifel, dass | 2 dabei nicht vergessen, dass | 3 gut vorstellen, dass | 4 mich nicht falsch, aber | ~~5 mir gut vorstellen~~ | 6 nicht, ob das gut ist | 7 optimistisch, dass | 8 total überzeugt, dass das richtig ist | 9 uns wirklich gut überlegen

- ○ Ich finde, wir brauchen in unserer WG ein Haustier. Wir könnten doch einen Hund haben. Das kann ich ⟨5⟩.
- □ Ja, das ist eine super Idee. Ich kann mir ⬡ wir einen WG-Hund haben.
- ○ Versteht ⬡ das halte ich für keine so gute Idee. Wer soll mit dem Hund rausgehen? Wie lange kann er allein bleiben? Das müssen wir ⬡.
- ○ Wir können uns ja alle zusammen um den Hund kümmern. Ich bin ⬡ wir das schaffen, wenn wir uns die Arbeit aufteilen.
- ○ Im Semester ist es vielleicht kein Problem. Aber ich hab' ⬡ das auch in den Ferien klappt, wenn wir wegfahren. Man darf ⬡ ein Hund Geld kostet.
- □ Wir können doch einen Hund aus dem Tierheim holen. Das kostet nicht so viel.
- ○ Hunde aus dem Tierheim sind oft kompliziert. Ich weiß ⬡.
- ○ Es gibt so viele Hunde, die ein Zuhause suchen. Wir sollten unbedingt einen adoptieren. Ich bin ⬡.

b Partneraufgabe: Wählen Sie eine Situation. Schicken Sie eine Sprachnachricht an Ihre Partnerin / Ihren Partner. Sie / Er antwortet. Verwenden Sie Ausdrücke aus a.

eine Überraschungsparty organisieren | an einem Marathon teilnehmen | sich ab sofort nur noch vegan ernähren | bei einer Demo für weniger Autos mitmachen | Kleidung für Arme spenden

[Wir könnten doch zu Tinas Geburtstag eine Überraschungsparty organisieren. Was hältst du davon?]

[Versteh mich nicht falsch, aber ich hab' da so meine Zweifel, dass das klappt. Tina hat sicher schon selbst etwas geplant.]

5 Wahre Freundschaft W G KB 4

Verbinden Sie. Ergänzen Sie dann: –, *mit*, *vor*, *zu* oder *zwischen*.

www.alltag-und-psychologie.de

Unsere Top 5 für wahre Freundschaft!

1 Du kannst mit deinen Freunden über alles reden.
2 Sie erzählen dir alles.
3 Du findest, sie sind tolle Menschen.
4 Ihr habt den gleichen Humor.
5 Du hast das Gefühl, dass ihr zusammengehört.

a Du bewunderst – sie.
b Du kannst ______ ihnen lachen.
c Du hast viel Vertrauen ______ ihnen.
d Es gibt eine Verbundenheit ______ euch.
e Sie haben keine Geheimnisse ______ dir.

6 Adjektive als Nomen G KB 4

a Lesen Sie den Text und unterstreichen Sie alle Nomen, die vom Adjektiv *deutsch* kommen.

KENNEN SIE DIE „DEUTSCHEN"?

1 Bei den Deutschen ist das Passwort 12345 am beliebtesten.

2 Gratulieren Sie einer Deutschen / einem Deutschen nicht vor dem Geburtstag: Das bringt Unglück!

3 Der Deutsche Löb Strauss hat in den USA die Jeans erfunden.

4 Den Deutschen, der 1941 den ersten Computer baute, kennen nicht viele: Er hieß Konrad Zuse.

5 Deutsche essen sehr gern Marmeladenbrot, 11 Millionen sogar täglich.

6 Die Deutsche, die seit ihrer Heirat im Jahr 1976 Königin von Schweden ist, heißt eigentlich Silvia Sommerlath.

7 Ein typischer Deutscher hat ungefähr 100 Euro Bargeld in seinem Geldbeutel.

8 Es gibt eine Deutsche, die fast alle kennen: Angela Merkel. Sie war 16 Jahre lang Bundeskanzlerin.

b Ordnen Sie aus a zu. Markieren Sie dann *-e*, *-er* und *-en*.

	◆	◆	◆
Nominativ	....	....	die Deutschen
	....	eine Deutsche	....
Akkusativ	....	die Deutsche	die Deutschen
	einen Deutschen	....	Deutsche
Dativ	dem Deutschen	der Deutschen	....
	....	....	Deutschen

7 Lesen Sie die Mini-Dialoge und ergänzen Sie in der richtigen Form. G KB 4

○ Wer ist denn der Blonde (1) da drüben? (blond)
□ Das ist ein .... (2) von mir. (bekannt)

○ An der Kreuzung vor meinem Haus ist gestern ein Unfall passiert. Eine .... (3) musste ins Krankenhaus. (verletzt)
□ Oje!

○ Die .... (4) bekommen bei uns zu wenig Unterstützung. (arbeitslos)
□ Aber wie könnte man den .... (5) besser helfen? (arbeitslos)

○ Können alle diesen Sportplatz nutzen?
□ Nein, er ist nur für die .... (6) aus unserem Viertel. (jugendlich)

○ Dürfen wir *Das Mörderhaus* sehen?
□ Nein, der Film ist nur für .... (7)! (erwachsen)

○ Ich fahre nach Köln. Dort besuche ich einen .... (8) und treffe mich mit einer alten .... (9). (verwandt / bekannt)
□ Kenne ich die .... (10)? (bekannt)

○ Hast du schon mit dem neuen .... (11) im Kundenmanagement gesprochen? (angestellt)
□ Nein, noch nicht.

○ Ich will eine Firma gründen. Hast du Tipps?
□ Leider nicht. Sprich doch mal mit einem .... (12). (selbstständig)

8 Mein fast perfekter Freund G KB 6

a Lesen Sie die Sätze und markieren Sie Grund und Folge.
Welche Wörter verbinden Grund und Folge? Umkreisen Sie.

Hauptsatz 1			Hauptsatz 2		
Mein Freund	sagt	immer die Wahrheit,	deswegen	vertraue	ich ihm.
Wir	kennen	uns sehr gut,	daher	können	wir über alles reden.
Er	ist	nicht so pünktlich,	darum	muss	ich oft auf ihn warten.
Er	räumt	nicht gern auf,	deshalb	ist	seine Wohnung unordentlich.

b Schreiben Sie die Sätze aus a mit *weil* neu. Unterstreichen Sie die Verben und markieren Sie: Grund und Folge. Vergleichen Sie dann die Sätze in a und b: Wie verändern sie sich?

Ich vertraue meinem Freund, weil er immer die Wahrheit sagt.

9 Test: Wie spontan sind Sie? W G KB 6

a Ordnen Sie zu. Fünf Wörter passen nicht. Schreiben Sie die Sätze dann mit *deswegen*, *daher*, *deshalb* und *darum* neu.

Ahnung ausprobieren außer Entscheidung genaue improvisieren intensive Mann mitten ~~Typ~~

Mit Plan oder spontan? Welcher Typ (1) bist du?	grün	gelb	orange
Du denkst vor einer .... (2) nicht lange nach, weil du schnell entscheiden kannst.	⬡	⬡	⬡
Du vergisst oft die Zeit, weil du gern .... (3) Gespräche führst.	⬡	⬡	⬡
Du löst Probleme schnell, weil du gut .... (4) kannst.	⬡	⬡	⬡
Du erledigst auch .... (5) in der Nacht neue Aufgaben, weil du immer bereit bist.	⬡	⬡	⬡

Du entscheidest schnell, deswegen denkst du ... / Du führst gern intensive Gespräche, daher ...

b Was stimmt für Sie? Kreuzen Sie in a an. Welcher Typ sind Sie?

- (grün) Du bist ein sehr spontaner Typ, aber manchmal auch sehr chaotisch.
- (gelb) Du bist flexibel, aber Planung ist oft auch wichtig.
- (orange) Du überlegst dir genau, was du machst.

+ NOCH MEHR?
Seite 95

10 Podcast über Freundschaft W KB 7 SCHREIBEN

1 05 **a** Was sagt die Psychologin im Podcast? Hören Sie und schreiben Sie: *r* (= richtig) oder *f* (= falsch).

1 Familienbeziehungen werden immer wichtiger. (f)
2 Freundschaft kostet Zeit, ist also nicht umsonst. ⬡
3 Virtuelle Freundschaften sind enger, weil man dauernd in Kontakt sein kann. ⬡
4 Man muss Freunden immer sofort die Wahrheit sagen. ⬡
5 Frauen möchten mit ihren Freundinnen vor allem aktiv sein und Spaß haben. ⬡

b Ihre Freundin Jana braucht Hilfe für ein Referat. Hören Sie noch einmal und machen Sie Notizen. Fassen Sie dann die wichtigsten Punkte in einer Textnachricht zusammen.

Ich habe einen Podcast mit der Psychologin Anja Riedel gehört. Sie hat gesagt, dass ...

03 Das ist genau mein Ding!

1 Wer sind Laura, Maria und Co.? W KB 3

Finden Sie noch neun Wörter, ordnen Sie zu und lösen Sie das Rätsel.

offen|fleißigkommunikativaufmerksamhilfsbereit
gründlichzuverlässigumgehengeduldigteamfähig

a Verena hat keine Angst vor Veränderungen. Sie ist o₁₁ f f e n für neue Aufgaben.
b Lilly hilft anderen sehr gern. Sie ist ___ ___ ___ ___ ___ _4_ ___ ___ ___ ___ ___ .
c André hört genau zu. Er ist besonders ___ ___ ___ ___ _14_ ___ ___ _9_ ___ ___ .
d Laura regt sich nie auf, wenn sie warten muss. Sie ist sehr ___ ___ ___ ___ _1_ ___ ___ _15_ .
e Maria arbeitet gern und viel. Sie ist sehr ___ _12_ ___ ___ ___ ___ ___ .
f Mattis ist gut in Mathe. Er kann gut mit Zahlen ___ ___ ___ _16_ ___ ___ _7_ .
g Felix ist bei der Arbeit sehr genau. Er arbeitet immer _8_ ___ ___ _17_ ___ _5_ ___ ___ ___ .
h Mit Elias kann man gut zusammenarbeiten. Er ist wirklich ___ _3_ ___ ___ ___ ___ ___ ___ _2_ ___ .
i Max spricht sehr gern mit Leuten. Es ist ___ ___ ___ ___ ___ ___ ___ _10_ ___ ___ ___ ___ .
j Jo erledigt alles immer sehr gut und pünktlich. Er arbeitet sehr ___ ___ ___ ___ ___ _13_ ___ ___ ___ _6_ ___ .

Das sind meine _1_ _2_ _3_ _4_ _5_ _6_ _7_ _8_ _9_ _10_ o₁₁ _12_ _13_ _14_ _15_ _16_ _17_ .

2 Arbeitswelt: Haben Sie schon Ihren Traumjob? W KB 4 — SCHREIBEN

a Lesen Sie und ergänzen Sie.

~~fühlen~~ gewinnen haben kündigen nennen nutzen passen stoßen verändern vereinbaren

Fühlen (1) Sie sich in der Arbeit genervt, weil Sie immer wieder auf die gleichen Probleme ________ (2)? Vielleicht ________ (3) Ihre Aufgaben einfach nicht mehr zu Ihnen und es ist Zeit, dass Sie sich beruflich ________ (4). Sie müssen ja nicht gleich eine neue Arbeit suchen und ________ (5). Vielleicht gibt es ja in Ihrem aktuellen Unternehmen Alternativen. Sprechen Sie mit Ihrer Teamleitung. Aber ________ (6) Sie nicht sofort einen Termin. Überlegen Sie vorher genau, welche Gründe Sie beim Gespräch für den Veränderungswunsch ________ (7) können, welche Stärken Sie ________ (8) und wie Sie diese besser ________ (9) können. Wenn Sie sich gut vorbereiten, ________ (10) Sie mehr Selbstvertrauen für das Gespräch.

b Ihr Freund Paul ist mit seiner Arbeit unzufrieden. Unterstreichen Sie wichtige Informationen in a. Fassen Sie sie in einer Textnachricht zusammen.

Ich habe gerade gelesen, dass … und …

3 Was macht das Leben lebenswert? Ergänzen Sie. G KB 5

Das mag ich:

a ein lustig*es* Katzenvideo sehen
b ein glücklich...... Mensch sein
c gut......, hilfsbereit...... Freunde haben
d endlich die nass...... Schuhe ausziehen
e das süß...... Lächeln von einem Baby sehen
f bei einem dringend...... Notfall Hilfe bekommen
g eine nett...... Überraschung erleben
h einen wunderschön...... Pullover kaufen
i die sympathisch...... Nachbarin wieder treffen
j den erst...... Kaffee am Morgen trinken
k keine schrecklich...... Nachrichten bekommen
l ein erfrischend...... Getränk genießen
m mit einer warm...... Decke auf dem gemütlich...... Sofa liegen

4 Das Beste von Deutschland? Lesen Sie und ergänzen Sie. G KB 5

Großstädte	Berge	Temperatur (Winter)	Mädchennamen
1 Berlin 3,6 Mio	1 Zugspitze 2 962 m	1 Köln 11,4 °C	1 Emilia
2 Hamburg 1,8 Mio	2 Hochwanner 2 744 m	2 Waghäusel 11,2 °C	2 Mia
3 München 1,5 Mio	3 Watzmann 2 713 m	3 Mannheim 10,9 °C	3 Hannah

Hamburg hat *mehr* (1) Einwohner als München. Aber in Berlin wohnen die .... (2) Menschen. (viel) • Der Hochwanner ist .... (3) als der Watzmann. Die Zugspitze ist am .... (4). (hoch) • Im Winter ist es in Waghäusel .... (5) als in Mannheim. Am .... (6) ist es in Köln. (warm) • Den Deutschen gefällt der Mädchenname Mia noch .... (7) als Hannah. Am .... (8) gefällt ihnen zurzeit Emilia. (gut)

5 Adjektive: Positiv (+), Komparativ (++) und Superlativ (+++) G KB 5

Markieren Sie die Adjektivendungen *-e*, *-er*, *-es* und *-en* in der Tabelle. Kreuzen Sie dann an.

Nominativ: Das ist / sind ...

Artikel	+	++	+++
der	warme	wärmere	wärmste
ein	warmer	wärmerer	
das	kurze	kürzere	kürzeste
ein	kurzes	kürzeres	
die	schöne	schönere	schönste
eine	schöne	schönere	
die	hohen	höheren	höchsten
–	hohe	höhere	

Akkusativ: Sie trägt ...

Artikel	+	++	+++	
den	warmen	wärmeren	wärmsten	Mantel.
einen	warmen	wärmeren		
das	kurze	kürzere	kürzeste	Kleid.
ein	kurzes	kürzeres		
die	schöne	schönere	schönste	Jacke.
eine	schöne	schönere		
die	hohen	höheren	höchsten	Schuhe.
–	hohe	höhere		

Dativ: Der Wollpullover passt zu ...

Artikel	+	++	+++	
dem	warmen	wärmeren	wärmsten	Mantel.
einem	warmen	wärmeren		
dem	kurzen	kürzeren	kürzesten	Kleid.
einem	kurzen	kürzeren		
der	schönen	schöneren	schönsten	Jacke.
einer	alten	älteren		
den	hohen	höheren	höchsten	Schuhen.
–	hohen	höheren		

!

bei ++ und +++: *a*, *o*, *u* → oft *ä*, ..., ...

Nominativ / Akkusativ:
- Bestimmter Artikel Singular (der, das, die): ○ *-e* ○ *-en*
- Plural (immer) und Singular (den): ○ *-e* ○ *-en*
- Unbestimmter Artikel (ein/en, ein, eine): Letzter Buchstabe bestimmter Artikel = Adjektivendung, z. B. der Rock → ein kurze...... Rock

Dativ: Endung immer ○ *-e* ○ *-en*

6 Bunte Nachrichten G KB 5

Ergänzen Sie die Endungen und die fehlenden Buchstaben.

Super-Jobs: Wer sind die best en (1) Arbeitgeberinnen und Arbeitgeber? Wo gibt es den h ö chst ...... (2) Stundenlohn?
Unzufrieden im Beruf: So finden Sie einen besser ...... (3) Arbeitsplatz!
Besser ...... (4) Zeiten: Warum ein ...... lter ...... (5) Herr aus Tirol bald alle glücklich macht
Gesundheit: Wie lebt man in der ges ...... ndest ...... (6) Stadt Europas?
Wunderkind: Interview mit dem j ...... ngst ...... (7) Musiker der Welt
Sport und Geld: Warum Fußballerinnen dieses Jahr mit einer h ...... her ...... (8) Bezahlung rechnen können
Zufriedene Mitarbeiter: Zehn Argumente gegen k ...... rzer ...... (9) Pausen und einen l ...... nger ...... (10) Arbeitstag!
Musikalisch: In der Schweiz gibt es die meist ...... (11) Musik-Festivals in Europa.
Klimaschutz: 20 Tipps für eine w ...... rmer ...... (12) Wohnung ohne Heizen

7 Rekorde G KB 5

Ergänzen Sie Komparativ (++) und Superlativ (+++) in der richtigen Form.

www.WeltundWissen.de

WELT UND WISSEN

John Henderson und seine zwei Jahre jüngere (jung ++) (1) Frau Charlotte aus den USA sind über 90 Jahre verheiratet. Sie sind das .... (alt +++) (2) Ehepaar der Welt.

Robert Wadlow ist mit 272 Zentimetern noch immer der .... (groß +++) (3) Mensch der Welt. Die Frau mit den .... (lang +++) (4) Beinen heißt Maci Currin. Sie ist insgesamt 2,08 Meter groß.

Die *Golden Gate Bridge* ist fast drei Kilometer lang. Sie ist vielleicht die .... (bekannt +++) (5), aber trotzdem nicht die .... (lang +++) (6), Brücke der Welt. In der Türkei gibt es eine noch .... (lang ++) (7) Hängebrücke: Sie ist über fünf Kilometer lang.

+ NOCH MEHR? Seite 96

8 Die Endungen *-e* und *-er* bei Adjektiven KB 6 — AUSSPRACHE

1 ◀)) 06
a Hören Sie und sprechen Sie nach. Achten Sie auf die Endungen.

1 gute – guter   bessere – besserer   beste – bester
2 große – großer   größere – größerer   größte – größter

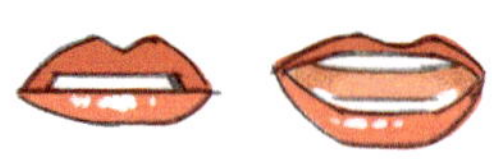

-e [ə]   -er [ɐ]

1 ◀)) 07
b Hören Sie und ergänzen Sie *e* und *er*.

A
Suchen Sie interessanter e (1), aufregender ...... (2) Aufgaben? Es kann nur bess ...... (3) werden mit einem neuen Job!

B
Telefonieren ist Ihre größt ...... (4) Stärke, Selbstständigkeit Ihr größt ...... (5) Wunsch? Treffen Sie heute die wichtigst ...... (6) Entscheidung im Leben: Kommen Sie ins best ...... (7) Team!

C
Starten Sie in Ihre neu ...... (8) beruflich ...... (9) Zukunft als zuverlässig ...... (10), fleißig ...... (11) Verkäufer technisch ...... (12) Produkte.

c Lesen Sie die Anzeigen in **b** laut vor.

9 Interessante Jobs. Was passt? Kreuzen Sie an. W KB 6

MaxX Durch Jobs und Praktika kann man sich selbst kennenlernen und die eigenen ○ Erlebnisse ☒ Fähigkeiten (1) verbessern. Was habt ihr im Job oder beim Praktikum gelernt?

Lulu2000 Im Studium habe ich als Kellnerin gearbeitet. ○ Seit ○ Seitdem (2) kann ich sehr gut ○ teilen ○ rechnen (3). Ich habe auch einmal in einem Büro gejobbt. Da musste ich telefonieren und gleichzeitig E-Mails beantworten. Ich habe gesehen, dass ich viele Sachen ○ fleißig ○ parallel (4) machen kann.

Carla Ich habe als Studentin bei einer Telefonberatung für Jugendliche gearbeitet. Die Jugendlichen haben mir ○ gefallen ○ vertraut (5) und ihre Probleme erzählt. Da habe ich gemerkt, dass ich eine gute ○ Bekannte ○ Zuhörerin (6) bin.

Hemingway Ich habe ein Praktikum bei einer Zeitung gemacht. Ich musste lernen, wie man komplizierte ○ Beziehungen ○ Zusammenhänge (7) einfach erklärt. In der Redaktion erfährt man immer sehr schnell die aktuellen ○ Neuigkeiten ○ Neuorientierungen (8). Das hat mir damals schon gefallen. Deshalb bin ich Journalist geworden.

Anton08 Ich habe in einer Autowerkstatt gearbeitet. ○ Seit ○ Seitdem (9) dieser Zeit weiß ich, dass ich handwerklich und ○ künstlerisch ○ technisch (10) nicht besonders begabt bin.

10 Vorbereitung auf die Berufsberatung K KB 6 SPRECHEN

a Fragebogen zur Berufsberatung: Lesen Sie die Fragen und Antworten und ordnen Sie zu.

anfangen Ding genau interessiert kenne langweilt ~~liegt~~ nichts total überhaupt vergesse

www.deinezukunft.de/Q&As

ZUKUNFTSPERSPEKTIVE?

1. **Studium oder Berufsausbildung: Was finden Sie besser?**
   Theorie und Lernen – das liegt (1) mir nicht so.
   Ich glaube, dass eine Ausbildung besser zu mir passt.
2. **Interessieren Sie sich für Wirtschaft?**
   Nein, damit kann ich gar nichts .... (2).
   Das .... (3) mich eher.
3. **Was mögen / mochten Sie in der Schule besonders?**
   Biologie – das .... (4) mich. Na ja und Sport.
   Das ist .... (5) mein Ding.
4. **Was interessiert/e Sie in der Schule nicht?**
   Ich interessiere mich .... (6) nicht für Mathematik.
5. **Interessieren Sie sich für Technik?**
   Nein, Technik, das ist .... (7) für mich.
6. **Können Sie gut mit Computern umgehen?**
   Nein, ich .... (8) mich mit Computern nicht besonders gut aus.
7. **Was liegt Ihnen besonders gut?**
   Ich koche gern. Ich .... (9) die Zeit, wenn ich am Herd stehe und ich interessiere mich .... (10) für Kochbücher und Rezepte. Das ist voll mein .... (11). Meine Freunde sagen, ich kann richtig gut kochen.

b Partneraufgabe: Beantworten Sie die Fragen aus a für sich und schicken Sie dann eine Sprachnachricht an Ihre Partnerin / Ihren Partner.

[Schau mal, unter www.deinezukunft.de findest du Fragen für das Beratungsgespräch bei denen. Meine Antworten sind: 1. ... 2. ... Was sind deine Antworten?]

1 Was passt zusammen? Verbinden Sie. W

1	als Direktor	a	wecken	7	Beziehungen	g	vergessen
2	Ärger	b	treffen	8	Vertrauen	h	sagen
3	Zusammenhänge	c	knüpfen	9	Zweifel	i	pflegen
4	eine Entscheidung	d	arbeiten	10	die Wahrheit	j	schenken
5	Freundschaften	e	finden	11	ein Geheimnis	k	bekommen
6	Erinnerungen	f	bekommen	12	die Vergangenheit	l	weitererzählen

2 Im Zoo. Was machen die Pinguine 1–10? W G

Suchen Sie noch elf Wörter und ordnen Sie in der richtigen Form zu. Lösen Sie dann das Rätsel.

lächelnfressenstempelglockeschüttelnernstdeckeaufmerksam nasshinsetzenrechnenwinken

1 will sich _ _ _ _ _ _[1] _ _ _
2 _ _ [7] _ _ _ _ _ [4] _ den Kopf
3 _ _ _ [13] _ _ einen Fisch
4 schaut _ [8] _ _ _ _ _ _ _ _ _ _
5 spielt mit einer [3] _ _ [11] _ _ _
6 _ _ _ _ _ [12] _ _ mit einem Taschenrechner
7 schaut sehr _ _ _ _ [14]
8 l ä[2] c h e l t und _ _ [5] _ _ _
9 benutzt seinen Fuß als _ _ _ [9] _ _ _
10 macht sich und seine _ _ [6] _ _ _ _ [10] _.

Gute Neuigkeiten! Man kann die Pinguine diese Woche [1] ä[2] [3] [4] [5] [6] [7] [8] [9] [10] [11] [12] [13] [14] bewundern.

3 Erinnerungen: Was passt? Kreuzen Sie an. K

- ○ Ich habe viele schöne ⊠ Erinnerungen ○ Erlebnisse (1) an meine Kindheit.
- □ Ich ○ glaube ○ denke (2) auch gern an meine Kindheit zurück. ○ Gründlich ○ Besonders (3) gut kann ich mich an die Zeit bei meiner Tante in Italien ○ erinnern ○ erkennen (4). ○ Jedes Mal ○ Als ob (5), wenn ich dort war, durfte ich machen, was ich wollte. Ich bin total ○ optimistisch ○ überzeugt (6), dass ich sonst nie so viel Spaß hatte. Das weiß ich noch ○ intensiv ○ genau (7).
- ○ Das ○ kenne ○ weiß (8) ich auch: Auch meine Tante hat mehr erlaubt als meine Eltern. Ich kann mir gut ○ vorstellen ○ überlegen (9), dass es dir gut gefallen hat.
- □ Einmal, als ich dort war, bin ich auf ein altes Schiff geklettert. Dann wäre ich fast in den Hafen gefallen. Doch ich hatte ○ Glück ○ Pech (10) und mir ist nichts passiert. Es war aber ein großer Schock. Das ○ glaube ○ vergesse (11) ich nie! Und ich habe aus meinem Fehler gelernt.
- ○ Wirklich? ○ Versteh ○ Frag (12) mich nicht falsch, aber ich habe da so meine ○ Überzeugung ○ Zweifel (13), dass du aus deinem Fehler gelernt hast. Man darf nicht ○ überlegen ○ vergessen (14), dass du erst vor einigen Tagen auf deinem Segelboot herumgeklettert und wieder fast ins Wasser gefallen bist!!!

1 08

4 Audiotraining: *Aha, das ist nichts für dich.* K

Hören Sie und reagieren Sie mit *Aha* …

5 Wie heißen die Theaterstücke und wovon handeln sie? Ergänzen Sie. W G

A

Der Schreckliche

Im Zentrum steht die historische Figur Ivan: ein ………… Mensch, vor dem alle Angst haben.

(schrecklich)

B

Die …………

Das Stück erzählt die Geschichte einer ………… Frau, die anderen Glück bringt.

(unbekannt)

C

Die …………

Die Geschichte von fünf ………… Brüdern, die ein Dorf vor dem Feuertod beschützen.

(aufmerksam)

D

Der …………

In dem Stück geht es um einen ………… Schneider, der nicht durch harte Arbeit, aber durch Glück reich wird.

(fleißig)

1 09

6 Audiotraining: *Ich bin zuverlässig, deshalb…* G K

Hören Sie und sagen Sie es anders.

7 Fridolin erzählt von seiner Kindheit. Ergänzen Sie *wenn* oder *als*. G

Als (1) ich ein Baby war, fand ich meinen Spielzeug-Frosch super. ………… (2) ich damit spielte, lachten alle.

Später liebte ich Frösche und Superhelden. Immer ………… (3) ich an Karneval *Froschmann* sein durfte, war ich froh!

Einmal, ………… (4) ich gerade elf war, durfte ich sogar als Frosch in einem Theaterstück mitspielen. Toll, nicht?

………… (5) ich heute mein *Froschmann*-Kostüm anziehe, fühle ich mich wie damals als Kind: Ganz glücklich!

1 10

8 Audiotraining: *Der Mont Blanc ist der höchste Berg.* G K

Hören Sie und sagen Sie Sätze über Länder in Europa.

9 Emotionen in Märchen und im wahren Leben K — SPRECHEN

1 11

a Was passiert in den zwei Märchen? Hören Sie und machen Sie Notizen.

b Wählen Sie eine Märchenfigur: *Hans* oder *Goldmarie*. Welche Gefühle hat er / sie? Hören Sie noch einmal und notieren Sie. Berichten Sie dann einer Freundin / einem Freund in einer anderen Sprache. Erzählen Sie auch von einer Situation, in der *Sie* ähnliche Gefühle hatten.

Hans feels very lucky and relieved when he …
I remember feeling this way when …

1 🔊 12

1 Was sagen die Personen über Annemarie? Kreuzen Sie an. HÖREN

a Sie ☒ arbeitet nicht mehr ◯ wechselt den Job .
b Sie ◯ war unglücklich in ihrer Firma ◯ hat sich in der Arbeit gut gefühlt .
c Sie ◯ hat viel verdient ◯ wollte mehr Geld haben .
d Sie hat ◯ die Entscheidung schnell getroffen ◯ gut überlegt .
e Nach der Reise wird ◯ sie Probleme haben ◯ alles besser sein .
f Sie soll ◯ als junger Mensch ◯ lieber später im Alter das Leben genießen.
g Sie ◯ muss unbedingt ihr Englisch verbessern ◯ wird neue Dinge lernen .

...... / 6 Punkte

2 Richtig oder falsch? Lesen Sie und kreuzen Sie an. LESEN

www.tommilang.com

In meinem Blog wollte ich ja mal über meine Kindheit schreiben. Heute ist es soweit!! Ich habe euch erst einmal zwei Fotos mitgebracht: Links bin ich heute als Erwachsener und rechts früher als Kind, wie ich in meiner Band singe! Ja, auch damals habe ich schon sehr oft gesungen. Ich habe so viele schöne Erinnerungen an meine Kindheit, aber ich kann euch nicht alle erzählen. Deshalb kommen hier meine schönsten drei Erinnerungen:

1 ***Backen und singen mit Oma:*** Als Kind war ich oft bei meiner Oma. Mit ihr hatte ich richtig viel Spaß! Immer wenn wir zusammen Kuchen gebacken oder gekocht haben, haben wir Lieder gesungen. Meine Oma hatte nämlich eine tolle Stimme!

2 ***Meine erste Band:*** Als ich zehn Jahre alt war, habe ich mit den Kindern aus der Nachbarschaft eine Band gegründet. Wir haben immer in unserer Garage geübt und von Konzerten geträumt. Das weiß ich noch genau! Ach, das war eine tolle Zeit! Wir sind immer noch eng befreundet – aber nur ich bin Musiker geworden!

3 ***Mein erster großer Auftritt:*** Später, mit 15 Jahren, habe ich dann in unserer Schulband gesungen. Wir waren in der Schule sehr beliebt. Einmal gab es sogar einen Artikel über uns in der Lokalzeitung. Danach sollten wir beim Stadtfest auf dem Marktplatz spielen. Ich war total nervös. Wenn ich mich heute daran erinnere, muss ich lachen. Am Ende hat alles gut geklappt – und die Leute waren total begeistert!

		richtig	falsch
a	Tommi hat drei Erinnerungen ausgewählt.	☒	◯
b	Er hat als Kind viel Zeit mit seiner Oma verbracht.	◯	◯
c	Seine Oma konnte nicht gut singen.	◯	◯
d	Er hatte mit seiner ersten Band Konzerte in der Garage.	◯	◯
e	Er hat noch Kontakt zu den Mitgliedern der ersten Band.	◯	◯
f	Die Zeitung interessierte sich für die Schulband.	◯	◯
g	Bei Tommis erstem großen Auftritt haben die Leute gelacht.	◯	◯

...... / 6 Punkte

3 Umfrage fürs Stadtmagazin

SPRECHEN

a Lesen Sie und kreuzen Sie an.

WAS SIND IHRE BELIEBTESTEN FREIZEITAKTIVITÄTEN?

1 Gartenarbeit	○ Ich interessiere mich total dafür.	○ Das finde ich langweilig.
2 Basteln und Handarbeit	○ Das kann ich richtig gut.	○ Das liegt mir nicht.
3 Musik machen	○ Das kann ich sehr gut.	○ Das ist nichts für mich.
4 Computertechnik	○ Damit kenne ich mich gut aus.	○ Das interessiert mich nicht.
5 Shoppen	○ Das ist genau mein Ding.	○ Das langweilt mich.
6 Wandern	○ Ich vergesse die Zeit, wenn ich das mache.	○ Damit kann ich gar nichts anfangen.

1 13–18 **b** Wählen Sie Gründe für Ihre Antworten in **a**, unterstreichen Sie und notieren Sie. Hören Sie dann und antworten Sie.

(k)ein Instrument spielen

Pflanzen (nicht) toll finden

sich (nicht) gern bewegen

(nicht) gern Sport machen

(kein) Musiktalent haben

keine / viel Geduld haben

(nicht) gern in Geschäfte gehen

Technik (nicht) spannend finden

(nicht) gern neue Klamotten kaufen

(nicht) gern singen

(keinen) Spaß am Basteln haben

(keine) Entspannung in der Natur finden

...

1. Pflanzen toll finden
2. ...

Ich interessiere mich total für Gartenarbeit, weil ich Pflanzen wirklich toll finde. Ich liebe Blumen, vor allem Rosen ...

...... / 6 Punkte

4 Mein Lieblingsmensch

SCHREIBEN

Lesen Sie und beantworten Sie alle sechs Fragen in einem Beitrag wie Thea98.

www.lieblingsthemen.com

DEIN LIEBLINGSMENSCH

Hast du schon mal überlegt, wer dein Lieblingsmensch ist? Nein? Dann los! Wer ist es? Und vor allem: Warum? Schreib uns!

1 Wann und wo habt ihr euch kennengelernt? • 2 Was macht ihr besonders gern zusammen? • 3 Was verbindet euch? • 4 Worüber sprecht ihr? • 5 Was hast du von ihr / ihm gelernt? • 6 Was bewunderst du an ihr / ihm?

Thea98: Mein Lieblingsmensch ist meine beste Freundin Maria. Ich kenne sie schon seit der achten Klasse. Wir waren auf derselben Schule. Ich verbringe gern Zeit mit ihr, weil sie sehr lustig ist. Ich kann ihr alles erzählen und habe großes Vertrauen zu ihr. Wir sprechen oft über unsere Probleme. Ich habe von ihr gelernt, dass es für jedes Problem eine Lösung gibt. Ich bewundere Maria, weil sie immer so optimistisch ist.

...... / 6 Punkte

☺ 20 – 24 Punkte
😐 13 – 19 Punkte
☹ 0 – 12 Punkte

www.berufe-netz.com

LUISA SILVA

142 Kontakte

Architektin

Rostock, Deutschland

Über mich:

Ich bin noch nicht lange hier und suche eine neue berufliche Herausforderung. Als Architektin habe ich verschiedene Bauprojekte betreut, vor allem Wohnhäuser. Der Weg zum fertigen Haus ist nicht immer einfach, aber ich finde gern für jedes Problem eine Lösung! Ich habe viele Ideen, kann gut planen und verschiedene Arbeitsschritte koordinieren. Außerdem arbeite ich gern mit Kolleg:innen und Kund:innen zusammen.

1 Sie ist teamfähig!

a Was bedeuten die Adjektive? Sehen Sie unbekannte Wörter im Wörterbuch nach.

analytisch flexibel geduldig gut organisiert hilfsbereit kommunikativ kreativ kundenorientiert lösungsorientiert reisefreudig sorgfältig sprachbegabt strukturiert teamfähig zuverlässig

b Wie ist Luisa? Lesen Sie ihr Profil und sprechen Sie zu zweit. Benutzen Sie Adjektive aus **a**.

Luisa arbeitet gern mit ihren Kolleginnen und Kollegen zusammen.

Genau, sie ist teamfähig! Und sie kann …

2 Die App: *Ihr Berufscoach*

a Sehen Sie die App an. Was denken Sie: Was kann man damit machen? Sprechen Sie im Kurs.

IHR BERUFSCOACH

Willkommen bei *Ihr Berufscoach!*

Sie möchten sich beruflich neu orientieren? Erkennen Sie Ihre Stärken und Kompetenzen – und nutzen Sie diese im Beruf! Schritt 1: Füllen Sie den Fragebogen aus.

Wie würden Sie sich beschreiben?

Ich bin …	0 = gar nicht ↔ 5 = sehr		
flexibel	0 1 2 3 4 5	sprachbegabt	0 1 2 3 4 5
geduldig	0 1 2 3 4 5	gut organisiert	0 1 2 3 4 5
lösungsorientiert	0 1 2 3 4 5	teamfähig	0 1 2 3 4 5

b Welche Adjektive aus **a** passen gut zu Ihnen? Wählen Sie zwei aus und beschreiben Sie sie. Ihre Partnerin / Ihr Partner rät.

Ich bleibe immer ruhig und kann warten.

Ah, du bist geduldig!

Richtig!

3 Ich möchte mich beruflich neu orientieren

1 19 **a** Mit wem spricht Luisa? Was ist die Situation? Hören Sie und sprechen Sie dann.

1 20 **b** Was sind Luisas Stärken? Hören Sie weiter und kreuzen Sie in **2a** auf S. 22 an.

1 21 **c** Hören Sie noch einmal. Was sagen Berufscoach Daniel und Luisa? Kreuzen Sie an.

- ● ☒ Schönen guten Tag. (1)
  ○ Willkommen bei *Ihr Berufscoach*! (2)
- ■ Schön, dass es so schnell geklappt hat.
  ○ Ich möchte mich beruflich verändern. (3)
  ○ Ich möchte mich beruflich neu orientieren. (4)
- ● ○ Ich würde vorschlagen, wir beginnen mit dem Fragebogen. (5)
  ○ Ich schlage vor, dass wir mit dem Fragebogen anfangen. (6)
- ■ ○ Alles klar. (7)
  ○ Sehr gern. (8)
- ● ○ Nun zu Ihren Stärken ... Warum denken Sie, dass Sie das alles gut können? (9)
  ○ Beginnen wir mit Ihren Stärken ... Warum schätzen Sie sich so ein? (10)
- ■ ○ Bei meiner früheren Arbeit war das unverzichtbar. ... Das kann ich richtig gut. (11)
  ○ Früher war das sehr wichtig. ... Damit kenne ich mich richtig gut aus. (12)
- ● ○ Sie sind also ... Das wäre schon Ihre zweite Kompetenz. (13)
  ○ Sie können ... Ihre zweite Kompetenz ist also ... (14)
- ■ ○ Genau, das ist meine Einschätzung. (15)
  ○ Ja, so schätze ich mich ein. (16)
- ● ○ Sie sind sehr ..., richtig? (17)
  ○ Sie sind doch ... Stimmt das? (18)
- ■ ○ Ja, das ist eine Eigenschaft von mir. (19)
  ○ Ja, das habe ich auch im Beruf gelernt. (20)
- ● ○ Sie wollen Ihre Erfahrungen und Kenntnisse einbringen? Vielleicht wäre eine Stelle bei ... oder in ... interessant für Sie. (21)
  ○ Wenn Sie die Kenntnisse aus Ihrem bisherigen Beruf als ... mit einer neuen Perspektive verbinden wollen, könnte eine Stelle in ... gut zu Ihnen passen. (22)
- ■ ○ Daran habe ich noch gar nicht gedacht, aber das interessiert mich schon. (23)
  ○ Dafür interessiere ich mich eigentlich überhaupt nicht. (24)

4 Ein Beratungsgespräch

a Arbeiten Sie zu zweit. Wählen Sie einen Beruf und notieren Sie passende Stärken und Perspektiven.

Friseur/in

...

Ingenieur/in

Friseurin:
Stärken: kreativ, kundenorientiert
Perspektiven: Stelle im Theater, ...

b Spielen Sie mit Ihrer Partnerin / Ihrem Partner ein Beratungsgespräch wie in **3c**.

1 Vorbereitung

HÖREN

a Verbinden Sie. Welche Ausdrücke passen zusammen?

1 Das weiß ich noch genau. ☒ — b
2 Damit konnte ich nichts anfangen. ○
3 Ich weiß nicht, ob das überhaupt stimmt. ○
4 Das habe ich vergessen. ○

a Ich habe da so meine Zweifel. ○
b Ich kann mich gut daran erinnern. ○
c Das weiß ich nicht mehr. ○
d Das war einfach nichts für mich. ○

1 22 **b** Welche Ausdrücke aus **a** hören Sie? Hören Sie und kreuzen Sie an.

c Was ist richtig? Hören Sie noch einmal und kreuzen Sie an.

1 Der Mann ...
- a weiß noch die meisten Dinge aus seiner Schulzeit.
- b kann sich besonders gut an den Biologie-Unterricht erinnern.
- c hat sich nie für Pinguine interessiert.

2 Die Frau ...
- a war begeistert vom Biologie-Unterricht.
- b glaubt die Geschichte mit den Pinguinen.
- c hat sich früher sehr für Sport interessiert.

> Sie haben nicht alles verstanden? Sie können die Aufgabe trotzdem lösen. Wie sprechen die Personen über ihre Erfahrungen? Sind sie positiv oder negativ? Achten Sie auf den kompletten Text und die wichtigsten Informationen.

> Achten Sie auf Sätze, die eine gleiche oder ähnliche Bedeutung haben, wie zum Beispiel *Ich weiß nicht, ob das stimmt* und *Ich habe da so meine Zweifel.*

1 23

2 In der Prüfung

Sie hören fünf kurze Texte einmal. Sind die Aussagen 1 bis 5 richtig oder falsch? Schreiben Sie + (= richtig) oder – (= falsch).

1 Die Sprecherin weiß nicht mehr, wann sie zum ersten Mal verliebt war. ○
2 Der Sprecher denkt oft darüber nach, wie schön es früher war. ○
3 Die Sprecherin kann sich sehr gut an diese Zeit erinnern. ○
4 Die Sprecherin weiß nicht, wie sie die Frage beantworten soll. ○
5 Der Sprecher hat Zweifel, ob die neue Liebe hält. ○

> Sie haben vor dem Hören 30 Sekunden Zeit. Lesen Sie deshalb zuerst die Aufgaben.

> Sie sind sich nicht ganz sicher? Schreiben Sie trotzdem + oder –. Später haben Sie dafür keine Zeit mehr.

1 Vorbereitung

SPRACHBAUSTEINE

a Lesen Sie und überlegen Sie: Was würden Sie spontan in die Lücken schreiben?

> Hi Mona,
> wie geht es (1) in Österreich? Hier ist alles okay, (2) wir vermissen dich natürlich alle sehr 🙂. Ich bin gespannt (3) deine Nachricht.
> Liebe Grüße
> Hannah

b Lesen Sie noch einmal den Text in **a** und die Antwortmöglichkeiten. Kreuzen Sie an.

	a	b	c
1	dich	dir	dein
2	aber	trotzdem	deshalb
3	an	auf	in

2 In der Prüfung

Lesen Sie die E-Mail und wählen Sie für die Aufgaben 1–10 die richtige Lösung a, b oder c.

> Liebe Hannah,
>
> es gibt so viele Neuigkeiten, die ich dir erzählen möchte!
> Der Umzug nach Österreich war absolut die (1) Entscheidung. Eine bessere Alternative hätte es nicht gegeben! Seit fünf (2) bin ich nun in Linz. Die Stadt begeistert mich, (3) die Menschen sehr kommunikativ sind. (4) habe ich auch schnell neue Freunde gefunden.
>
> Stell dir vor: (5) ich vor ein paar Wochen in den Bergen war, hatte ich plötzlich hohes Fieber, über 40 Grad! Zum Glück war ein (6) dabei, (7) mich in ein Krankenhaus gebracht hat. Ich bekam Medikamente, und (8) ist alles wieder in Ordnung.
> Das Studium gefällt (9) übrigens sehr gut. Ich bin täglich an der Uni, manche Seminare finden aber auch virtuell statt. Ich hoffe, wir sehen (10) bald wieder!
>
> Mona

	a	b	c
1	richtig	richtige	richtigen
2	Monate	Monaten	Monat
3	denn	deswegen	weil
4	Deshalb	Weil	Denn
5	Wenn	Wann	Als
6	Bekannter	Bekannt	Bekannte
7	die	der	das
8	aber	seit	seitdem
9	mir	mich	ich
10	Sie	uns	euch

> **!** Lesen Sie zuerst den gesamten Text. Dann kennen Sie bereits den Inhalt. Wissen Sie spontan die Lösung? Kreuzen Sie gleich das richtige Wort an.

1 Vorbereitung

LESEN

a Lesen Sie die Situationen 1 und 2. Markieren Sie wichtige Informationen. Lesen Sie dann die Anzeigen A, B und C. Wo finden Sie dort genau diese Informationen? Markieren Sie.

1 Sie möchten mit Ihrer Familie ein Wochenende auf einem Bauernhof mit vielen Tieren verbringen. ⬡

2 Ihre 7-jährige Tochter hört und liest gern Abenteuergeschichten mit Tieren, am liebsten mit Pferden. ⬡

A

Tipps für Familien
Kommen Sie auf unseren Hof. Wir haben Hühner, Katzen, Hunde, Schweine, Kühe und Pferde. Jetzt für sieben Tage buchen und nur fünf Tage bezahlen. Extraangebote für Übernachtungen von Freitag bis Sonntag.
Familie Kellerer, Tel. 224477

B

Schwarzwald-Tourismus
Urlaub auf dem Familien- und Pferdehof.
Tägliche Reitstunden.
Bringen Sie gern Ihr eigenes Pferd mit.
Gemütliche Apartments mit Terrasse und Bergblick.
99 Euro pro Nacht.
Ab 2 Tagen. 79872 Bernau

C

Familienzentrum
Buchvorstellung
Mias Geheimnis
Autorin Tatjana Bostedt liest am Samstag aus ihrem neuen Buch, in dem es um Pferdeliebe, Freundschaft und Selbstvertrauen geht.
Erwachsene: 2 Euro
Kinder: Eintritt frei

b Welche Anzeigen passen? Ergänzen Sie in **a**.

> **!** Manche Wörter finden Sie in mehreren Texten. Lesen Sie genau. Wo ist der Unterschied?

2 In der Prüfung

Lesen Sie die Situationen 1 – 10 und die Anzeigen A – L. Welche Anzeige passt zu welcher Situation? Wenn eine Anzeige nicht passt, schreiben Sie ✕.

1 ⬡ Sie haben eine junge Italienerin zu Besuch. Sie möchten, dass sie einen Deutschkurs besucht.

2 ⬡ Sie sind unzufrieden in Ihrem Job und suchen Unterstützung

3 ⬡ Ihr Bruder ist zum Studium in eine neue Stadt gezogen und sucht neue Freunde.

4 ⬡ Sie möchten mit Ihrer Familie am Wochenende an einem Aktionstag teilnehmen.

5 ⬡ Ihre Freundin ist Lehrerin und möchte eine Coaching-Ausbildung machen.

6 ⬡ Sie haben Probleme mit dem / der Partner/in und suchen eine Beratung.

7 ⬡ Die Tochter Ihrer Freunde möchte Informatik studieren und gleichzeitig in einem Unternehmen arbeiten.

8 ⬡ Ihr 12-jähriger Sohn geht seit ein paar Wochen nicht mehr gern in die Schule.

9 ⬡ Sie möchten mutiger sein, wenn Sie vor anderen Menschen sprechen müssen und suchen ein Sprechtraining.

10 ⬡ Ihr Neffe möchte sich nach dem Abitur sozial engagieren.

A

Vortrag
Was für ein Typ sind Sie? Wie gehen Sie mit schwierigen Situationen um? 10 Tipps von Prof. Dr. Stein, wie Sie in Zukunft mutige Entscheidung treffen.
Weitere Infos bei der örtlichen Volkshochschule.

B

Praxis Neueröffnung
Ich bin umgezogen und habe nun meine neue Praxis im Beethovenviertel eröffnet. Auch hier biete ich wieder meinen Kurs „Kein Stress in der Schule“ an. Für Schüler ab 10 Jahren. Es gibt noch freie Plätze.

C

Duale Hochschule ABC
Bei uns besteht Ihr Studium aus zwei Teilen. Sie lernen an der Hochschule und arbeiten in einer Firma. So haben Sie von Anfang an viel Praxis.
Für alle technischen Berufe.
Start auch im Sommersemester möglich.

D

Nicht mehr allein!
Gemeinsam ist das Leben einfach schöner. Wir organisieren regelmäßig interessante Veranstaltungen in unserer Stadt. So lernst du Leute kennen, die zu dir passen.
Mach jetzt den ersten Schritt und melde ich auf unserer Plattform an:
www.tollefreunde.com

E

Lebens- und Kulturfreunde finden – für Menschen 60+
Wir sind eine Gruppe von interessierten Menschen, die sich einmal pro Woche im Café im Stadtmuseum trifft. Wir sprechen über Bücher, Ausstellungen, Filme, Theater ... Kommen Sie einfach mal vorbei.

F

Engagement in Aktion!
Nächsten Samstag findet der *World Cleanup Day* statt. Wir wollen unsere Stadt saubermachen. Treffpunkt um 10 Uhr vor dem Rathaus. Dort erhalten Sie Handschuhe und Mülltüte und werden in Gruppen eingeteilt.
Für Groß und Klein.
Wir freuen uns auf Sie!

G

„Die besten Antworten zu unseren Fragen finden wir in uns selbst.“
Sie wollen sich beruflich verändern?
Gemeinsam finden wir Lösungen. Kostenloser erster Beratungstermin. 20-jährige Coaching-Erfahrung!
info@coaching-ma.de

H

Willst du Gutes tun und bist offen für Neues?
Dann starte bei uns dein FreiwilligesSoziales Jahr
Wann: ab sofort
Wo: Verein Lebenshilfe e.V. in der Jugendhilfe
Dauer: 12 Monate
Spannende Projekte warten auf dich! Wohnen umsonst + Taschengeld

I

Meine Wahrheit – deine Wahrheit.
Hilfe bei Konflikten in der Partnerschaft
Wenn Paare sich nicht mehr verstehen, dann hilft oft der Blick von außen. Vereinbaren Sie noch heute einen Termin.
Praxis Dr. Birnbaum & Partner

J

Kompaktkurse B1 + B2
Individueller Deutschunterricht mit schnellem Erfolg. Auch mit Prüfungsvorbereitung.
Montags und donnerstags, 16-19:30 Uhr.
Nachhilfe-Institut Würth

K

Vertrauen schaffen!
Improvisationstheater ist für alle geeignet, die ihr Selbstvertrauen stärken wollen.
Wochenendseminar speziell für Menschen, die viele Vorträge halten.

L

Zweiter Bildungsweg
Sie haben bereits ein paar Jahre gearbeitet und möchten einen weiteren Schulabschluss?
Online-Infoveranstaltung am 17. November um 17 Uhr.
Speziell für junge Erwachsene und Berufstätige.

!

Sie können jede Anzeige nur einmal verwenden. Mehrere Anzeigen passen zu keiner Situation.
Sind Sie sicher, dass eine Anzeige nicht passt? Dann streichen Sie diese durch.
So sehen Sie schneller, welche Anzeigen noch übrig sind und zugeordnet werden können.

04 Morgen, morgen …!

1 Gewohnheiten ändern W G KB 2

a *Deshalb* oder *trotzdem*? Ergänzen Sie.

P3 Meine Freundin will, dass ich weniger zocke, trotzdem (1) spiele ich weiter. Kennt ihr das?

Kili_27 Ja, meine Familie nervt auch ständig, ... (2) höre ich nicht auf.

VeraM Es geht um eure eigene Gesundheit, ... (3) solltet ihr unbedingt weniger spielen!

Jojo66 Na ja, ich hatte früher vom Zocken ständig Rückenschmerzen, ... (4) habe ich mich für einen Yogakurs angemeldet. Das ist anstrengend, ... (5) gehe ich regelmäßig hin. Der Kurs kostet natürlich viel Zeit, ... (6) spiele ich viel weniger als früher. Mein Rücken freut sich! Super, oder?

! deshalb: → erwartete Folge

! trotzdem: ↔ gegenteilige, nicht erwartete Folge

b Was würden Sie gern anders machen? Schreiben Sie drei Sätze wie in a.

weniger Fleisch essen
mehr schlafen
mehr Energie sparen
auf Zucker verzichten

→ ↔

ständig Kuchen essen · täglich stundenlang heiß duschen · jeden Tag Würstchen essen · früher ins Bett gehen · das Licht, wenn möglich, ausschalten · süße Speisen reduzieren · nachts in Clubs gehen · montags vegetarisch essen

Ich möchte weniger Fleisch essen, trotzdem / deshalb esse ich …

2 Das grüne Büro G KB 3

a Lesen Sie und verbinden Sie.

1 Damit die Firma Strom spart,
2 Viele arbeiten im Homeoffice,
3 Damit alle weniger Papier verbrauchen,
4 Man schaltet abends die Lichter aus,

a soll man keine E-Mails mehr ausdrucken.
b damit sie nicht die ganze Nacht brennen.
c hat die Chefin moderne PCs gekauft.
d damit sie nicht ins Büro fahren müssen.

b Lesen Sie die Sätze in a noch einmal und markieren Sie: Aktion oder Ziel?

c Wo stehen die Verben und Modalverben in den *Damit*-Sätzen in a? Unterstreichen Sie.

3 Schreiben Sie Sätze mit *damit*. G KB 3

Fahrrad fahren → nicht im Stau stehen

wenig Plastik verwenden → Umwelt schützen

viel lernen → Prüfung bestehen

Ich fahre Fahrrad, damit ich nicht im Stau stehe. Damit ich nicht im Stau stehe, fahre …

4 Neue Gewohnheiten. Lesen Sie und kreuzen Sie an. W KB 5

Haben Sie schon mal mit der anderen Hand die Zähne geputzt? Sie werden überrascht sein: Das geht nicht ○ nötig ☒ automatisch (1).

Wussten Sie, dass ○ blinde ○ fleißige (4) Menschen nicht sehen, aber unglaublich gut hören, riechen und fühlen können?

Stehen Sie mit dem rechten oder linken Bein zuerst auf? ○ Ändern ○ Genügen (2) Sie Ihre Gewohnheit. Das ist gut für das Gehirn!

Es stimmt ○ tatsächlich ○ gründlich (5): Zwei Drittel der Deutschen verwenden das Auto für den Weg in die Arbeit.

Sind Sie mit Ihrem Job und Ihrem Gehalt unzufrieden? Sie sollten sich wahrscheinlich mehr ○ gewöhnen ○ anstrengen (3). Das lohnt sich!

Im ○ Notfall ○ Durchschnitt (6) braucht ein Mensch 60 bis 80 Wiederholungen, damit er sich an eine Veränderung gewöhnt.

5 Werbung, Werbung, Werbung G KB 5

a Lesen Sie die Anzeigen und markieren Sie *um … zu*. Kreuzen Sie dann an.

1
English Pro 4fun
Alle reden vom genialen neuen Firmen-Sprachkurs! Buchen Sie ihn noch heute, um sofort erfolgreich zu lernen! Yay!

2
Kräuter-Held
Kaufen auch Sie den bekannten Hustensaft mit Alpenkräutern, um das Leben bald wieder genießen zu können!

3
Ganz neu! Probieren Sie *Schlummerfix*, um auch nach stressigen Arbeitstagen schnell einzuschlafen.

4
Tun Ihre Muskeln oft weh? Bestellen Sie jetzt den Sessel *Massage-Traum*, um sich abends einfach mal zu entspannen.

!
In *um … zu*-Sätzen steht *zu* ☒ vor ○ nach dem ○ konjugierten Verb (*lernst*) ○ Infinitiv (*lernen*).
Bei zwei Verben steht *zu* ○ vor ○ zwischen Verb und Modalverb (*müssen*, *dürfen*).
Bei trennbaren Verben (*ein|schlafen*) steht *zu* ○ vor ○ zwischen der Vorsilbe und dem Verb.
Bei reflexiven Verben (*sich entspannen*) steht *mich*, *dich*, *sich* direkt ○ vor ○ nach *um*.

b Vergleichen Sie die Anzeigen in a und b: Wann sind die Personen / Sachen im Haupt- und Nebensatz immer gleich, wann auch mal unterschiedlich? Ergänzen Sie dann in der Regel *um … zu* oder *damit*.

Buchen **Sie** ihn noch heute, damit **Ihre Mitarbeiter*innen** sofort erfolgreich lernen!

Kaufen **Sie** den neuen Hustensaft, damit **Sie** das Leben bald wieder genießen können!

Probieren **Sie** *Schlummerfix*, damit **Ihr Schlaf** tief und ruhig ist.

!
Person / Sache = gleich oder anders
→ .... (1)
Person / Sache = gleich
→ .... (2)

6 Werner Logistik: Diese Firma tut was! G KB 5

In welchen Sätzen sind die Personen / Sachen im Haupt- und Nebensatz gleich? Überlegen Sie. Schreiben Sie dann diese Sätze mit *um … zu* neu.

„Unsere Angestellten haben elektrische Schreibtische, damit sie bei der Arbeit öfter mal aufstehen und ihren Rücken entspannen. Die Firma finanziert Sportkurse, damit die Angestellten fit bleiben. Man kann täglich das Fitnessstudio im Keller nutzen, damit man auch in der Mittagspause kurz trainieren kann. Und: Die Angestellten bekommen Sportuhren, damit sie ihre Erfolge dokumentieren. Selbstverständlich bekommen alle auch kostenlos Obst, damit sie sich gesund ernähren."

Unsere Angestellten haben elektrische Schreibtische, um…

+ NOCH MEHR?
Seite 97

7 Meinst du das Wort …? W KB 5

1 🔊 24 **a** Was ist es? Hören Sie und lösen Sie das Rätsel.

9

1 ◆ F O R S C H U N G
2 ◆
3 ◆
4 ◆
5 ◆
6 ◆
7 ◆
8 ◆

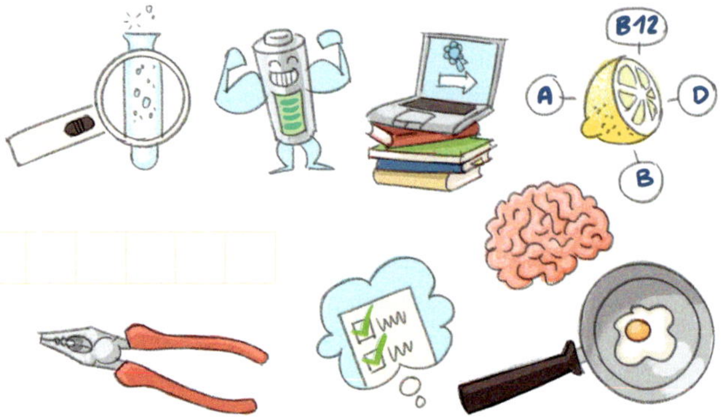

b Partneraufgabe: Beschreiben Sie zwei Ausdrücke aus a oder b. Ihre Partnerin / Ihr Partner rät.

Änderung | Ausdauer | Decke | Geheimnis

[Etwas wird anders.] | [Meinst du das Wort „…“?] | [Richtig! / Falsch!]

8 Fridolins erstes E-Bike-Rennen. Ordnen Sie zu. W KB 7

~~Akku~~ E-Bike Ladegerät Lastenrad Panne Schloss Teilnehmer Ziel

9 Fahrradland Deutschland? W K KB 7 SCHREIBEN

a Was passt: *2*, *18*, *23* oder *53* Prozent? Ordnen Sie zu.

1 etwa ein Fünftel: 18 %
2 ungefähr die Hälfte: ……… %
3 nur sehr wenige: ……… %
4 rund ein Viertel: ……… %

1 ◀)) 25 **b** Hören Sie und ordnen Sie die Fahrradtypen zu.

Fahrradtypen

57 % ……1……
24 % ……
18 % ……
4 % ……

c Ihr Freund Mian fragt Sie: Wie beliebt sind unterschiedliche Fahrradtypen in Deutschland? Beschreiben Sie die Grafik in a in einer Textnachricht.

> Ich habe eine Grafik zu Fahrgewohnheiten mit unterschiedlichen Fahrradtypen gefunden. Am beliebtesten sind …

10 Stimmhafte und stimmlose Laute KB 8 — AUSSPRACHE

1 ◀)) 26 **a** Beginnen die **fetten** Wörter stimmhaft oder stimmlos? Hören, sprechen und fühlen Sie. Markieren Sie dann.

1 **Tatsächlich** möchten **vierzig Prozent** der **Bürger** **klimafreundlich** leben.
2 Durch die **Forschung weiß** man, dass sich das **Gehirn trotz** Übung nur **superlangsam** an neue **Dinge gewöhnt**.

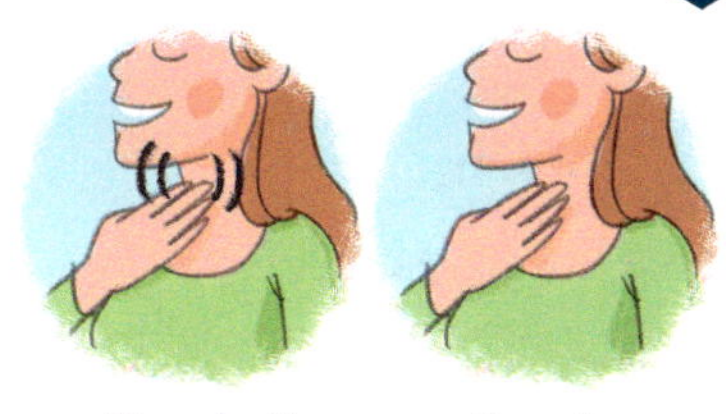

1 ◀)) 27 **b** Hören und lesen Sie die Sätze in a und sprechen Sie nach.

11 Kurzpräsentation W K KB 8 — SPRECHEN

a Welche zwei Möglichkeiten passen? Verbinden Sie.

1 In meiner Präsentation geht es um
2 Zuerst erzähle ich euch von
3 Dann möchte ich über
4 Zum Schluss spreche ich über

a den Nachteilen von Autos.
b einen Tüten-Rekord in meiner Gemeinde.
c das Thema „Plastikmüll reduzieren".
d meine Erfahrungen mit autofreiem Wohnen.
e den Gefahren von Plastik für die Umwelt.
f die Vorteile von Fahrrädern reden.
g die Frage: „Kann man ohne Auto leben?".
h Alternativen für Plastik im Alltag sprechen.

b Was passt zum Thema *Plastikmüll*, was zum Thema *Leben ohne Auto*? Markieren Sie in a.

c Partneraufgabe: Bereiten Sie zu einem der Themen in a eine kurze Präsentation vor. Benutzen Sie passende Sätze aus a. Schicken Sie ein Video an Ihre Partnerin / Ihren Partner. Sie / Er schickt dann eine Frage, Sie reagieren.

> Gibt es noch Fragen oder Anmerkungen?

> Ja, ich würde gern noch wissen, wie / ob …

> Danke! Das ist eine sehr interessante Frage. Dazu kann ich sagen, dass …

05 Wär' das etwas für dich?

1 Alternatives Wohnprojekt W G KB 1 — SCHREIBEN

a Lesen Sie und kreuzen Sie an.

www.wohnen-alternativ.net

ÜBER UNS

Willkommen bei *Wia dahoam!* Unsere alternative ○ Gemeinschaft ☒ Einrichtung (1) liegt in der schönen Steiermark in Österreich. Besuchen Sie uns, wenn Sie eine etwas andere Auszeit brauchen.

KURSE & SEMINARE

Bei uns können Sie viel Neues lernen. Wir haben viele ○ Fortbildungen ○ Vorstellungen (2) zum Thema ○ friedliche ○ nachhaltige (3) Landwirtschaft.

ESSEN & TRINKEN

Wir essen vor allem Lebensmittel aus eigener Produktion. Unsere ○ Versammlung ○ Landwirtschaft (4) ist zu 100 Prozent biologisch! Wir kochen und essen jeden Abend zusammen. Direkt nach der ○ Ankunft ○ Abreise (5) gibt es ein leckeres Willkommensessen.

ÜBERNACHTEN

○ Biologisches ○ Alternatives (6) Wohnen muss nicht unbequem sein! Als ○ Versammlung ○ Unterkunft (7) bieten wir schöne Einzel- und Doppelzimmer an. Sind mal alle ○ besetzt ○ verfügbar (8), können Sie unter freiem Himmel oder in einem Zelt schlafen.

IHR WEG ZU UNS

Von Graz bringen Sie täglich mehrere Busse zu uns. Die genauen Zeiten finden Sie **hier** im ○ Fahrschein ○ Fahrplan (9).

b Lesen Sie die Reaktionen zum Wohnprojekt in **a** und ergänzen Sie *würden*, *sollten*, *müssten* und *könnten* in der richtigen Form.

Kaya3 Hey Leute! Ich habe von dem Wohnprojekt in der Steiermark gehört. Ich war bisher noch nie dort. Ich würde (1) da so gern mal hinfahren. 😃 War schon mal jemand da? Wie ist es eigentlich, nur vegetarisch zu essen und immer alles zusammen zu machen? W__________ (2) ihr das Projekt insgesamt empfehlen? Oder s__________ (3) ich lieber etwas anderes suchen?

Resi Ich war schon mal dort und fand es super. Es gibt auch Fleisch – und man kann auch mal alleine sein. Am liebsten w__________ (4) ich gleich wieder hinfahren. 😍 Vor deiner Buchung s__________ (5) du dir aber noch die Tipps auf der Website anschauen.

Domi Ich war noch nie dort, habe aber von schlechten Erfahrungen mit anderen Wohnprojekten gehört. Du m__________ (6) dich unbedingt noch in anderen Foren informieren. Du k__________ (7) in den Foren auch frühere Teilnehmer/innen kontaktieren und sie nach ihren Erfahrungen fragen.

c Partneraufgabe: Würden Sie auch gern im Wohnprojekt in **a** Zeit verbringen? Warum (nicht)? Schicken Sie eine kurze Textnachricht an Ihre Partnerin / Ihren Partner.

+ NOCH MEHR? Seite 97

2 Besuch im Bauernhofmuseum. Ordnen Sie zu. W G KB 3

~~Dorf~~ Ferien Führungen Herd Küche Musik Platz Raum Tage Tiere

Museumsdorf (1) Weidlingen: Jede Woche Aktions________ (2) in den Sommer________ (3)

Live-Präsentationen, Aktivitäten und Museums________ (4)

Täglich 11-12 Uhr: Besichtigung einer typischen Bauern________ (5) mit einem historischen Küchen________ (6) und Holzmöbeln

Täglich 13-15 Uhr: Stoff________ (7) und andere Spielsachen aus alten Materialien basteln

Montags 10 Uhr: Wie wurde in alten Zeiten z. B. Brot gebacken oder Wäsche gewaschen? Kommen Sie in unseren schönen Fortbildungs________ (8) und erfahren Sie mehr!

Nachmittags ab 14:30 Uhr: traditionelle Musiker spielen auf dem Dorf________ (9) mit alten Instrumenten Volks________ (10).

3 Endlich Urlaub? K KB 3 SCHREIBEN

a Was passt? Ordnen Sie zu.

ich mir gut vorstellen finde das super ~~genau das Richtige für mich~~ mir gar nicht vorstellen geht gar nicht wäre das nichts

Letztes Jahr waren wir ja am Meer. Jetzt will ich endlich mal wieder wandern, zum Beispiel im Teutoburger Wald. Da kann man riesige Steintürme bewundern! Das wäre genau das Richtige für mich (1). 🙂 Wer macht mit? Sayed

Für mich ________ (2). ☺ Wandern ist langweilig! 🙁 Und du willst stundenlang wandern, Sayed! Mir tun dann immer die Füße weh. Das ________ (3)! ☺ Silvia

Warum eigentlich nicht? Ich ________ (4)! ☺ Dann müssten wir auch nicht so weit fahren. Das kann ________ (5). ☺ Lara

Ich gebe Silvia recht. Das kann ich ________ (6). ☺ Ich will lieber gemütlich etwas Zeit mit euch verbringen. In Mönchberg kann man z. B. Baumhäuser mieten. Das wäre doch spitze. Kommt schon! Lias

b Welches Emoji (🙂 oder 🙁) passt zu den Sätzen 1 – 6 in a? Lesen Sie und ergänzen Sie.

c Nehmen Sie am Chat in a teil und fassen Sie die Vorschläge zusammen. Machen Sie dann einen Vorschlag: Wohin sollte die Gruppe fahren und warum?

Ich fasse mal zusammen: Sayed schlägt vor, dass ... Lara findet ... Aber Silvia und Lias finden den Vorschlag ... Silvia findet ... Lias würde lieber ... und schlägt daher vor, dass ... Als Kompromiss schlage ich vor, dass ... Wir können auch ...

4 Eine glückliche Kindheit. Lesen Sie und kreuzen Sie an. W KB 4

Ich bin mit fünf Geschwistern in einem kleinen Dorf ☒ aufgewachsen ○ aufgestanden (1). Wir hatten nicht viel Geld und deshalb oft ○ virtuelle ○ finanzielle (2) Sorgen. Aus ○ Rücksicht ○ Freude (3) auf meine Eltern habe ich meine Wünsche für mich behalten. Heute weiß ich, dass wir eigentlich nicht arm waren, denn unsere Kindheit war wirklich wunderschön. An Konflikte, ○ Diskussionen ○ Demos (4) oder ○ Mitmenschen ○ Missverständnisse (5) kann ich mich nicht erinnern. Außerdem waren unsere Eltern immer da, also musste nie ein ○ Bürger ○ Babysitter (6) auf uns aufpassen.

1 28

5 Spaziergang im Zoo W KB 5

Wann sehen die Freunde welches Tier? Hören und sortieren Sie.

○ Affe ○ Ente ○ Löwe ○ Mücke (1) Schildkröte ○ Schwein

6 Welche Tiere erkennen Sie? Ergänzen und vergleichen Sie. W KB 5

Deutsch	Englisch	Andere Sprachen
1 die Giraffe	giraffe	
2	crocodile	
3	hare	
4	goldfish	
5	fly	

7 Lösen Sie das Tier-Quiz W KB 5

1 Welches Tier trinkt Blut?
☒ ◆ Mücke
○ ◆ Fliege

2 Welches Tier frisst gern Essensreste?
○ ◆ Löwe
○ ◆ Schwein

3 Welches Tier muss sich am Tag viel ausruhen und lang schlafen?
○ ◆ Ente
○ ◆ Schildkröte

4 Welches Tier kann laut schreien?
○ ◆ Hase
○ ◆ Affe

8 Konsonantenverbindungen mit *r* AUSSPRACHE

1 29

a Hören Sie und achten Sie auf die Aussprache der farbigen Buchstaben.

Ein Frosch machte im April eine Kreuzfahrt nach Afrika. Er traf ein grünes Krokodil, das kritisch auf seine Fragen zum fremden Kulturkreis reagierte. Am Strand fragte er eine graue Schildkröte, was man hier so alles zu trinken und zu fressen probieren kann. Es war mehr als dreißig Grad heiß. Ein großer Elefant freute sich, wie hoch der kleine Frosch springen konnte, und wurde sein Freund. Sie schreiben sich noch heute Briefe. Sie sind also gute Brieffreunde.

1 30

b Hören Sie die Wörter und sprechen Sie nach.

1 Wörter mit *fr* 2 Wörter mit *kr* 3 Wörter mit *br* / *gr* / *dr* 4 Wörter mit *tr* / *pr* / *spr* / *str*

c Lesen Sie den Text in a laut.

9 Die (un)glückliche Schildkröte G KB 5

a Lesen Sie und ergänzen Sie.

A 1 Ich wäre viel früher zu Hause, wenn ich so schnell wäre.
2 Wenn ich so schnell wäre, wäre ich viel früher zu Hause.

B 1 Ich würde ganz oben im Baum sitzen, wenn ich so gut klettern könnte.
2 Wenn ich so gut klettern könnte, ______ ______ ganz oben im Baum sitzen.

C 1 Ich könnte viel mehr fressen, wenn ich so große Zähne hätte.
2 Wenn ich so große Zähne hätte, ______ ______ viel mehr fressen.

D 1 Wir wären viel glücklicher, wenn wir nicht immer so in Eile wären.
2 Wenn wir nicht immer so in Eile wären, ______ ______ viel glücklicher.

b Vergleichen Sie in a immer die Sätze 1 und 2: Wo stehen die Verben?

10 Ergänzen Sie mit den Informationen vom nächsten Satzanfang. G KB 5

a Wenn ich viel Geld hätte, würde ich mir ein Haus kaufen.
b Wenn ich mir ein Haus kaufen würde, ______
c Wenn ich keine Miete zahlen müsste, ______
d Wenn ich eine Wohnung kaufen könnte, ______
e Wenn ich sie vermieten würde, ______
f Wenn ich noch mehr Geld bekommen würde, ______
Na ja, wenn ich mehr Steuern zahlen müsste ...
Ich glaube, dann hätte ich doch lieber weniger Geld!

+ NOCH MEHR?
Seite 98

11 Ein Leben ohne Handys und Tablets – ist das möglich? K KB 6 SPRECHEN

a Schreiben Sie die Satzanfänge.

1 die Frage | war | im Gespräch — Im Gespräch war die Frage, ob / warum / welche ...
2 haben | einige | gesagt — ______, dass ...
3 findet | niemand — ______, dass ...
4 waren sich | alle | ziemlich einig — ______ in dem Punkt, ...
5 kann | sagen | insgesamt | man — ______, dass ...

1 ◀)) 31-32 **b** Partneraufgabe: Als Vorbereitung für einen Vortrag zum Thema *Handys und Tablets* hören Sie zwei Gesprächsrunden: Partner/in A hört 1 ◀)) 31, Partner/in B 1 ◀)) 32. Machen Sie Notizen und schicken Sie dann eine Zusammenfassung als Sprachnachricht an Ihre Partnerin / Ihren Partner. Benutzen Sie Sätze aus a.

c Hören Sie die Sprachnachricht Ihrer Partnerin / Ihres Partners. Schicken Sie zwei Fragen per Sprachnachricht zurück. Sie / Er antwortet.

[Habe ich es richtig verstanden, dass am Ende alle versuchen wollen, weniger das Handy zu benutzen?]

06 Ich war ja vorher so aufgeregt!

1 Tipps für die Selbstständigkeit W KB 4 SPRECHEN

a Was passt zusammen? Verbinden Sie.

1	den Mut	a	eingehen	6	Ideen	f	studieren
2	aufgeregt	b	haben	7	live	g	arbeiten
3	ein Risiko	c	lernen	8	etwas Neues	h	zuschauen
4	einen Traum	d	sein	9	freiberuflich	i	umsetzen
5	voneinander	e	verwirklichen	10	Umweltwissenschaften	j	wagen

b Lesen Sie und ergänzen Sie passende Wörter aus a in der richtigen Form.

Viele Angestellte sind mit ihrer Arbeit unzufrieden, weil sie ihre eigenen Ideen nicht umsetzten (1) können. Sie würden gern ihren Traum ________ (2) und ________ (3) arbeiten, um endlich ihr eigener Chef zu sein. Aber man geht auch ein großes ________ (4) ein, wenn man einfach kündigt und zu schnell etwas Neues ________ (5). Nicht jeder hat den ________ (6) dazu. „Man muss es wirklich wollen und die eigenen Stärken kennen", meint Influencerin Lilly Klein. Sie hat früher mal ________ (7) studiert, arbeitet jetzt aber nur noch für ihren Video-Kanal. „Beim ersten Mal vor der Kamera war ich sehr ________ (8). Aber als Influencerin muss ich natürlich damit umgehen können, dass viele Leute live ________ (9)." Wichtig ist auch, so Klein, dass man mit anderen Freiberuflern spricht. Denn man kann sehr viel ________ (10) lernen.

c Partneraufgabe: Welchen Traum möchten Sie verwirklichen? Wählen Sie zwei Aktivitäten und schicken Sie eine Sprachnachricht an Ihre Partnerin / Ihren Partner. Sie / Er antwortet.

an einer (Casting)Show teilnehmen | Bungee Jumping machen | eine eigene Firma gründen | studieren | ...

[Ich würde gern mal ... und ...
Würdest du auch gern mal ...?]

[Ja, auf jeden Fall! Ich ... / Nein, ich würde auf keinen Fall ...
Ich wäre ... Aber ich würde gern ... Ich glaube ...]

2 *Trotzdem* und *obwohl* G KB 5

a Was passt? Ordnen Sie zu.

◯ Er trägt nur ein T-Shirt, obwohl es sehr kalt ist.

(1) Er springt, obwohl er große Angst hat.

◯ Er steht nicht auf, obwohl der Wecker klingelt.

b Ergänzen Sie die Sätze aus a und vergleichen Sie. Wo stehen die Verben?

Er hat große Angst,	trotzdem	springt er.
Er springt,	obwohl	... ...
Es ist sehr kalt,	trotzdem	trägt er nur ein T-Shirt.
... ...	...	... ...
Der Wecker klingelt,	trotzdem	steht er nicht auf.
... ...	...	... ...

3 Was sagen Selbstständige? Ergänzen Sie *obwohl* oder *trotzdem*. G KB 6

» Mein Job ist sehr anstrengend, trotzdem (1) möchte ich keinen anderen. «

» Ich habe den Schritt in die Selbstständigkeit gewagt, ... (2) ich vorher Angst hatte. «

» Ich habe wenig Aufträge, ... (3) verdiene ich genug. «

» Ich bin vor einer Präsentation immer total aufgeregt, ... (4) ich schon viel Erfahrung habe. «

» Wir haben den Auftrag nicht bekommen, ... (5) wir ein gutes Angebot gemacht haben. «

» Wir haben das Projekt gut geplant, ... (6) ist es zu spät fertig geworden. «

+ NOCH MEHR?
Seite 98

4 Studium und Beruf G KB 6

a Ergänzen Sie Sätze mit *trotzdem* und *obwohl*.

1 Maria hat noch keine Berufserfahrung, trotzdem hat sie sofort eine Stelle gefunden.
(Sie hat sofort eine Stelle gefunden.)

2 Leo möchte Wirtschaftswissenschaften studieren, ...
.... (Er interessiert sich nicht für Wirtschaft.)

3 Tilmann ist schon 40 Jahre alt, ...
.... (Er fängt nochmal ein Studium an.)

4 Max hat seine Prüfung bestanden, ...
(Er hat wenig gelernt.)

5 Julia lernt schon jetzt für die Abschlussprüfung, ...
.... (Sie ist erst im zweiten Semester.)

6 Lisa spricht kein Spanisch, ...
.... (Sie will in Spanien ein Praktikum machen.)

b Partneraufgabe: Schreiben Sie zwei Aufgaben wie in a.
Ihre Partnerin / Ihr Partner löst sie.

Der Laptop war teuer, ...
(Ich habe ihn gekauft.)

Der Laptop war teuer,
trotzdem habe ich ihn gekauft.
Obwohl der Laptop teuer war,
habe ich ihn gekauft.

5 Zuversicht und Zweifel ausdrücken KB 6 — AUSSPRACHE

1 ◀)) 33 **a** Wann spricht die Person begeistert, wann unsicher? Hören Sie und schreiben Sie *a* oder *b*.

	begeistert	unsicher
1 Ich werde ab jetzt freiberuflich arbeiten.	⬡ a	⬡
2 Ich bin für alles allein zuständig.	⬡	⬡

b Hören Sie noch einmal und sprechen Sie nach.

6 Was bin ich? W KB 8

Finden Sie noch vier Wörter und lösen Sie die Rätsel.

h a u p t s t a d t | s i c h e r h e i t e r n ä h r u n g v o r s c h r i f t g e f ä n g n i s

A Hauptstadt
Ich bin der wichtigste Ort in einem Land. Hier arbeiten die Politiker. In Deutschland heiße ich Berlin.

B ....
Ich bin eine Regel, die man beachten muss. Mich gibt es z. B. im Straßenverkehr.

C ....
Ich bin ein Gebäude, in dem Kriminelle leben müssen. Man kann mich nicht einfach wieder verlassen.

D ....
Alle Lebensmittel und Getränke, die jemand isst oder trinkt, das bin ich. Bei manchen Leuten bin ich gesund, bei anderen nicht.

E ....
Ich bin das Gegenteil von Gefahr. Die Menschen mögen mich, weil ich ihnen ein gutes Gefühl gebe.

7 *Wohnen für Hilfe*: Eine ungewöhnliche Wohngemeinschaft W KB 8 — SCHREIBEN

a Was passt? Kreuzen Sie an.

www.stadtportal.net/artikel/wfh

ARTIKEL INFORMATION KOMMENTARE

Beim Projekt *Wohnen für Hilfe* geht es darum, dass Azubis und Studierende günstig wohnen können und ältere Menschen Unterstützung im Alltag bekommen. Es gibt viele Senior:innen, die allein leben und nicht mehr alles selbst erledigen können. Trotzdem finden viele den Gedanken ☒ unerträglich ○ ungewöhnlich (1), dass sie ihre eigene Wohnung ○ aufgeben ○ ausziehen (2) und in ein Seniorenheim ziehen sollen. Das Projekt *Wohnen für Hilfe* macht es möglich, dass ältere Menschen länger ○ schön ○ unabhängig (3) bleiben können. Gleichzeitig finden Azubis und Studierende günstigen Wohnraum. Studentin Alina P. wohnt seit zwei Wochen bei Frau B. Die 78-Jährige meint: „Alina hat am Anfang wenig gesprochen und war ein bisschen ○ peinlich ○ schüchtern (4). Trotzdem hatte ich gleich ein gutes Gefühl, als wir uns zum ersten Mal ○ begegnet ○ einig (5) sind." Alina wohnt in einem 26 Quadratmeter großen Zimmer und hat ein eigenes Bad. Sie bezahlt nur die Nebenkosten und hilft für jeden Quadratmeter im Monat eine Stunde im Haushalt mit. Die Studentin ist für den Garten und den Einkauf ○ zuständig ○ zuverlässig (6). Sie sagt: „Ich bin froh, dass ich diesen Schritt gewagt habe. Wenn man offen ist, kann man viel voneinander lernen."

b Lesen Sie die Kommentare zum Artikel in **a** und ergänzen Sie.

auch sehen ~~das klappt~~ gelingen wird glaube trotzdem gut gehen
ich bezweifle kaum möglich sehr zuversichtlich verstehen

www.stadtportal.net/artikel/wfh/kommentare

ARTIKEL INFORMATION ***KOMMENTARE***

Miley Also, ich bin mir nicht sicher, ob das klappt (1), denn junge und alte Menschen haben ganz unterschiedliche Interessen. Außerdem sind 26 Stunden Hausarbeit pro Monat nicht so wenig. Man muss ______ (2), dass eine Studentin viel für die Uni lernen und vielleicht auch noch jobben muss, um Geld zu verdienen. Das ist dann alles zusammen sehr stressig.

Sonnenschein In der Wohnung ist genug Platz und es ist doch schön, wenn man nicht immer alleine ist. Ich bin mir absolut sicher, dass es ______ (3), wenn die beiden offen und tolerant sind.

Rot12 In einer WG mit Mitbewohner:innen im gleichen Alter ist man unabhängig und man entscheidet alles gemeinsam. Ich denke, dass das ______ (4) ist, wenn die Wohnung einer alten Dame wie Frau B. gehört. Alina ist eher wie eine Angestellte. Was ist, wenn sie mal Freunde mit nach Hause bringen oder vielleicht sogar eine Party mit lauter Musik machen will? Also, ______ (5), dass Frau B. dann noch so tolerant ist und das erlaubt.

MaXX Ich kann gut ______ (6), dass Alina am Anfang schüchtern und unsicher war. Die beiden Frauen kennen sich noch nicht so gut. Ich ______ (7), dass alles gut gehen wird.

MisterZ Die beiden wissen doch, dass sie aufeinander Rücksicht nehmen müssen und jede auch ihr eigenes Leben hat. Das wird schon ______ (8)! Da bin ich ______ (9)!

c Lesen Sie die Kommentare in **b** noch einmal.
Wer hat Zweifel, wer ist zuversichtlich? Ordnen Sie zu.

hat Zweifel: Miley, ______

ist zuversichtlich: ______

d Ihr Freund Marko sucht eine Wohnung, hat aber nicht viel Geld. Lesen Sie die Texte in **a** und **b** noch einmal und beantworten Sie die Fragen auf dem Notizzettel. Fassen Sie dann den Artikel und die Kommentare für Marko in einer E-Mail zusammen.

1. Wie funktioniert das Projekt?
2. Welche Vorteile gibt es?
3. Welche Probleme kann es geben?

Lieber Marko,

wie geht's? Hast du schon eine Wohnung gefunden? Ich habe etwas über ein sehr interessantes Projekt gelesen. Vielleicht wäre das ja etwas für dich. Das Projekt heißt ...

1 Welche Wörter fehlen? Ordnen Sie zu.

Blut | Energie | Forschung | Fortbildung | Gehirn | ~~Herd~~ | Pfanne | Studien | Vitamine | Weiterbildung

- Küche: Herd | Topf | ……… | Kochplatte
- Körper: ……… | Knochen | Muskeln | ………
- Ernährung: Fett | ……… | Mineralien | ………
- Lernen: Schule | Ausbildung | ……… | ………
- Wissenschaft: ……… | Untersuchung | Experiment | ………

2 Was passt zusammen? Suchen Sie noch neun Wörter und ordnen Sie zu.

landwirtschaft|babysittergemeinderisikoschlossunterkunft gefängniszangefahrplansoftware

Landwirtschaft	Kind	Werkzeug	………	………
Gemüse	………	………	Ankunft	Kriminelle
Hotel	………	PC	Gefahr	E-Bike
………	Bürger	………	………	………

3 Auf wen warten die Tiere? Lösen Sie das Rätsel.

1 ………
2 ………
3 ………
4 ………
5 ………
6 ………
7 PELIKAN
8 ………
9 ………
10 ………
11 ………

4 Audiotraining: Isidors Weg zur Freiberuflichkeit

1 34

Hören Sie und reagieren Sie mit *Ah!*

1 35 **5 Welche zusammengesetzte Wörter sind es? Hören Sie und notieren Sie.** W G

Energieforschung, ……………………………………

……………………………………

6 Wozu braucht man …? Ergänzen Sie. G

a Wozu braucht man Geschenke? Um sich zu freuen. ………… (sich freuen)

b Wozu braucht man Risiken? …………………… (etwas wagen)

c Wozu braucht man Probleme? …………………… (sich anstrengen)

d Wozu braucht man Pausen? ……………………

(sich ausruhen können)

1 36 **7 Audiotraining: *Ich esse oft Fleisch, obwohl ich Tiere mag.*** G

Hören Sie und verbinden Sie die Sätze mit *obwohl*.

8 Fridoline träumt vom Berühmtsein. G

Ergänzen Sie *hätte*, *könnte*, *wäre* oder *würde*.

Wenn ich schöner sprechen könnte (1), ………… (2) ich Schauspielerin.

Wenn ich in Filmen mitspielen ………… (3), ………… (4) ich Geld und viele Fans.

Wenn ich reich und berühmt ………… (5), ………… (6) ich aber keine Ruhe mehr.

Also, auch wenn ich wählen ………… (7), ………… (8) ich doch nichts ändern.

1 37 **9 Audiotraining: *In meiner Präsentation geht es um …*** K

Hören Sie und antworten Sie auf die Fragen.

10 Der Affe und der Löwe K — SPRECHEN

1 38 **a** Worum geht es in der Geschichte? Hören Sie und kreuzen Sie an.

1 ○ Der Löwe macht das Bein vom Affen kaputt, weil er es unfair findet, dass er selbst ein kaputtes Bein hat.

2 ○ Der Affe will sich beim Löwen beliebt machen, was aber negative Folgen für ihn hat.

1 39 **b** Wie sind der Löwe und der Affe in der Fabel? Hören Sie weiter und umkreisen Sie die für Sie passenden Bilder in der Zeichnung rechts.

c Erzählen Sie einer Freundin / einem Freund in einer anderen Sprache, wie der Löwe und der Affe in der Fabel sind.

I think, the lion has a chip on his shoulder and …
The monkey, on the other hand, is … and …

1 Welcher Text passt? Lesen Sie und ordnen Sie zu. LESEN

A
UNSERE 5 KLEINEN KATZEN (8 WOCHEN ALT, ALLE SCHWARZWEISS) SUCHEN EIN NEUES ZUHAUSE.
Sie können die Kätzchen ab nächster Woche in der Fichtestraße abholen.

B
Wir sind drei Familien und haben einen Bauernhof auf dem Land renoviert, um dort mit vielen Menschen zu leben. Es ist noch Platz für zwei Familien, gern mit Kindern und Haustieren.

C
SUCHE
eine Person, die für 6 Monate (Sept.–März) in meine Wohnung ziehen möchte. Es ist alles da: Möbel, Geräte usw. Bei Interesse anrufen: 0163 9233040.

D
WALDWANDERUNG MIT PFERDEN!
Begegnen Sie Pferden in romantischer Umgebung und verbringen Sie tolle Stunden mit ihnen. Auch ohne Reiterfahrung! Dauer: 3 Stunden, Preis: 40 Euro

E
Nette alternative WG
hat ab März ein Zimmer frei (14 qm). Wir arbeiten alle freiberuflich, essen (fast) nur Bio-Produkte, haben eine Katze – und jede:r fühlt sich für den Haushalt zuständig. Du passt zu uns? Dann melde dich! zimmerfrei@mail.de

F
Auf unserem Bauernhof
haben wir Pferde, Hasen, Katzen und Schweine und vermieten zwei Ferienwohnungen (500 Euro/Woche). Ideal für Familien mit Kindern. Infos unter www.urlaub-bei-uns.de

G
Sie möchten
allein wohnen, aber trotzdem Zeit mit anderen verbringen? Mieten Sie ein Appartement in unserem Seniorenwohnpark mit großem Aufenthaltsraum und Schwimmbad.

1. Chiara braucht für die Dauer ihres kurzen Praktikums eine möblierte Unterkunft. (C)
2. Marias Enkelin liebt Tiere. Maria will ihr ein eigenes Tier schenken. ◯
3. Olena verbringt ihre Freizeit gern mit Pferden, kann aber nicht so gut reiten. ◯
4. Rentnerin Erna will nicht mehr einsam sein, aber unabhängig bleiben. ◯
5. Ali und Lena haben drei Kinder. Sie wollen nicht mehr in der Stadt wohnen. ◯
6. Pjotr möchte sich selbstständig machen und sucht eine Unterkunft. ◯
7. Familie Mol sucht einen Urlaubsort, wo die Kinder mit Tieren spielen können. ◯

.... / 6 Punkte

2 Was wünschen sich junge Leute für ein Sommerfest? SPRECHEN

Sehen Sie das Ergebnis einer Umfrage an und sprechen Sie.

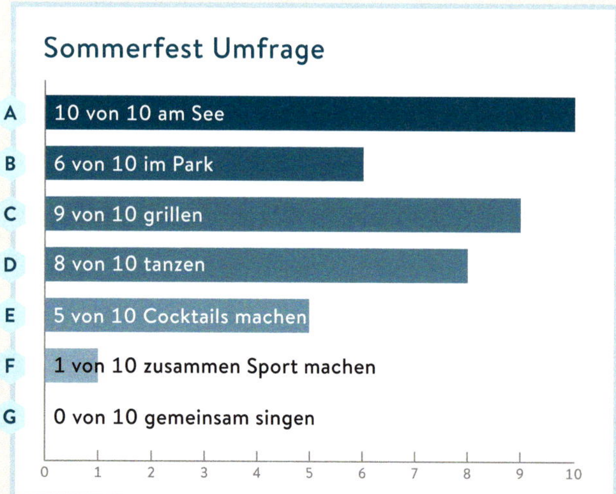

A Alle finden, dass das Fest am See stattfinden sollte.

B Mehrere haben gesagt, dass …

C Ziemlich einig waren sich alle in dem Punkt, dass …

D Fast alle finden, dass …

E Einige haben gesagt, dass …

F Nur eine Person findet, dass …

G Niemand findet, dass …

.... / 6 Punkte

1 40

3 Anjas Vorsätze fürs neue Lebensjahr — HÖREN

Was sagen die Personen? Lesen Sie die Sätze genau und markieren Sie wichtige Wörter. Hören Sie dann und kreuzen Sie an.

		Anja	Gero	Zara
a	Ich habe sehr viel zu tun.	☒	⬡	⬡
b	Es ist gut, Zeit für sich selbst zu haben.	⬡	⬡	⬡
c	Du hast mehr Zeit für die Kinder.	⬡	⬡	⬡
d	Ich werde in Zukunft weniger arbeiten.	⬡	⬡	⬡
e	Ich kümmere mich um die Reservierung beim Italiener.	⬡	⬡	⬡
f	Ich kann auf die Kinder aufpassen.	⬡	⬡	⬡
g	Wir wollen schon lange gemeinsam essen gehen.	⬡	⬡	⬡

.... / 6 Punkte

4 Zuversicht oder Zweifel? — SCHREIBEN

a Machen die Ausdrücke Mut 😃 (1) oder drücken sie Zweifel 🤔 (2) aus? Ordnen Sie zu.

(1) Da bin ich sehr zuversichtlich! ⬡ Das wird schon gut gehen! ⬡ Ich bezweifle, dass ...
⬡ Ich bin mir absolut sicher, dass ... ⬡ Ich bin mir nicht sicher, ob ...

b Antworten Sie. Machen Sie Mut oder drücken sie Zweifel aus. Begründen Sie.

1

Mein Arbeitgeber schickt mich ins Ausland – nach Lissabon! Ich muss jetzt innerhalb von drei Monaten Portugiesisch lernen. Denkt ihr, das geht?

Da bin ich sehr zuversichtlich! Du kannst doch schon Spanisch und Italienisch! 😃

Ich bezweifle, dass man in so kurzer Zeit Portugiesisch lernen kann. Das ist eine sehr schwere Sprache! 🤔

2

Ich mache mich selbstständig. Mit einem mobilen Blumendienst.

Ich bin mir nicht sicher, ob das eine gute Idee ist. Das gibt es doch schon. 🤔

....
....
....
.... 😃

3

Ich tue es! Ich fahre mit dem Fahrrad von Berlin nach Budapest!

Ich bezweifle, dass das gut geht. Das ist zu weit und anstrengend! 🤔

....
....
....
.... 😃

4

Leute, ich will mir einen Hund kaufen! Was sagt ihr?

Das kann ich gut verstehen! Ich finde Hunde auch sooo süß! 😃

....
....
....
.... 🤔

.... / 6 Punkte

😃 20 – 24	Punkte
😐 13 – 19	Punkte
☹ 0 – 12	Punkte

www.berufe-netz.com

RAFAEL GOMEZ 103 Kontakte

Student (Umweltwissenschaften)

Lüneburg, Deutschland

Über mich: Viele Menschen machen sich leider noch immer zu wenig Gedanken über die Umwelt. Das möchte ich ändern – JETZT, und nicht erst nach dem Studium! Meine Ziele: Zeigen, wie schön die Natur ist und was man für den Umweltschutz tun kann. Auf meinem Videokanal biete ich viele Informationen zu diesem Thema an. Jetzt suche ich noch einen Nebenjob im Umweltbereich.

1 Welche Jobs könnten zu Rafa passen? Warum? Lesen und sprechen Sie.

A TIERPFLEGER:IN FÜR ZOO GESUCHT

B Umweltpädagoge (m/w/d) für Kita

C Ingenieur (m/w/d) für Umwelttechnik

D WIR SUCHEN WALDFÜHRER/INNEN FÜR NATIONALPARK

Ich glaube, B passt zu Rafa. Er kann mit den Kindern in die Natur gehen und …

2 Wir suchen Verstärkung!

a Welche zwei Überschriften aus **1** passen zu den Anzeigen? Lesen Sie und ordnen Sie zu.

1 ⬡

www.berufe.org

JOBSUCHE

Du liebst die Natur und Tiere? Dann kannst du bei uns deinen Traum verwirklichen!

Deine **Aufgaben:** Du machst mit unseren Besucher:innen Waldspaziergänge, zeigst ihnen Pflanzen und Tiere, informierst über Umweltthemen und beantwortest Fragen.

Das erwarten wir: Du bist kommunikationsstark und kannst gut mit Menschen umgehen. **Idealerweise** sprichst du sehr gut Deutsch und Englisch. Eine Ausbildung oder ein Studium in einem Umweltberuf **ist von Vorteil**. Bei uns lernst du alles, was du wissen musst. Interessiert? Dann bewirb dich hier.

2 ⬡

www.berufe.org

JOBSUCHE

Tätigkeiten: Sie betreuen unsere Giraffen und unterstützen bei der Pflege weiterer Tiere.

Ihr Profil: Eine abgeschlossene tätigkeitsrelevante Ausbildung **setzen wir voraus**. Erfahrung in der Betreuung von Giraffen und anderen Zootieren **wäre wünschenswert**. Ein Führerschein Klasse B ist **zwingend erforderlich**. Eine ausgeprägte Kooperations- und Teamfähigkeit **runden Ihr Profil ab**.

Wir bieten: unbefristete Vollzeitstelle, faires Gehalt, 30 Tage Urlaub, Weihnachtsgeld.
Wenn Sie ein Teil unseres Teams werden möchten, bewerben Sie sich hier.

b Was muss unbedingt erfüllt werden (Muss-Anforderung), was wünscht sich der Arbeitgeber (Kann-Anforderung)? Markieren Sie die **fetten** Ausdrücke in **2a**.

c Was sind Kann- (K), was Muss- (M) Anforderungen in **2a**? Ordnen Sie zu.

Anzeige 1		Anzeige 2	
1 Kommunikationsstärke	Ⓜ	5 abgeschlossene Ausbildung	⬡
2 Fähigkeit, mit Menschen umzugehen	⬡	6 Berufserfahrung	⬡
3 sehr gute Englischkenntnisse	⬡	7 Führerschein Klasse B	⬡
4 Ausbildung in einem Umweltberuf	⬡	8 Kooperations- und Teamfähigkeit	⬡

3 Welche Anforderungen aus 2c erfüllen Sie? Sprechen Sie im Kurs.

4 Ein spannendes Jobangebot

a Warum schreibt Rafa an Lotti? Lesen Sie die Textnachrichten und kreuzen Sie an.

Rafa ⬡ bittet Lotti um Hilfe. ⬡ erzählt Lotti von seinen Bewerbungsplänen.

Hey Lotti, ich habe eine spannende Stellenanzeige gefunden: Waldführer für den Nationalpark! 🤩 LG Rafa

Das passt perfekt zu dir! 😀 Braucht man dafür eine spezielle Ausbildung?

Nein, aber ein Studium in einem Umweltberuf ist von Vorteil.

Auch diese Anforderung erfüllst du voll! 👍 Gibt es noch weitere Anforderungen?

Genau. 🙂 Sie erwarten außerdem, dass man kommunikationsstark ist und gut mit Menschen umgehen kann.

Dann passt dein Studium doch perfekt! 👏

Man sollte gute Englischkenntnisse haben ... Mein Englischunterricht ist lange her und ich habe viel vergessen .... Ich könnte aber einen Sprachkurs besuchen, um mein Englisch aufzufrischen.

Gute Idee! Dann sieht der Arbeitgeber, dass du lernbereit bist und alle Anforderungen erfüllen möchtest. Das macht bestimmt einen guten Eindruck!

Das hoffe ich. Drück mir mal die Daumen für meine Bewerbung, ja?

Mache ich. Viel Glück! 👊

b Was erfüllt Rafa vollständig, was nur teilweise? Unterstreichen Sie in **a** und sprechen Sie.

> Rafa kann ... Er erfüllt die Voraussetzungen als ... voll / nur teilweise. Und ...

5 Diese Stelle passt zu mir!

a Welche Berufe / Berufsfelder interessieren Sie? Suchen Sie interessante Stellenanzeigen im Internet und wählen Sie eine aus.

b Stellen Sie die Anzeige im Kurs vor: Welche Anforderungen erfüllen Sie? Welche nur teilweise oder gar nicht? Was können Sie tun, um die Anforderungen noch besser zu erfüllen?

1 Vorbereitung

SCHREIBEN

a Lesen Sie den Forumsbeitrag. Was ist das Thema? Kreuzen Sie an.

www.biofreunde.org/forum

MajaG

Es muss nicht immer bio sein? Also ich sehe das anders. Für mich macht es auf jeden Fall einen Unterschied, ob ich im Bioladen oder im Supermarkt einkaufe. Es kann sein, dass Lebensmittel in Supermärkten billiger sind. Aber im Biomarkt geht es um mehr als den Preis! Es geht um große Umweltthemen wie Klima- und Tierschutz. Wie seht ihr das?

1 ◯ wie man richtig mit Tieren umgeht
2 ◯ wie man sich preiswert ernähren kann
3 ◯ worin sich Bioläden und Supermärkte unterscheiden

b Was antwortet UniOttie? Ordnen Sie zu.

~~bin auch dafür~~ | bin ich dagegen | dass es kaum möglich ist | ist doch viel besser | muss es für mich nicht immer | muss ich sagen | wichtigsten ist für mich

UniOttie

Ich *bin auch dafür* (1), dass wir uns gesund und nachhaltig ernähren. Am ………… (2) deshalb, dass Lebensmittel regional produziert werden. Daher ………… (3), dass Produkte über weite Wege transportiert werden. Trotzdem ………… (4) der Bioladen sein. Ich denke eigentlich, ………… (5), nur dort einzukaufen, weil man oft nicht so viel Geld hat. Ich finde: Man kann z. B. auch eigenes Gemüse pflanzen. Das ………… (6) als in einem Bioladen einzukaufen und ist natürlich auch bio! Insgesamt ………… (7), dass selbstgepflanztes Gemüse am besten für die Umwelt ist und wahrscheinlich auch die meisten Vitamine hat!

c Was ist Ihre Meinung zu den Kommentaren in **a** und **b**? Sammeln Sie Ideen.

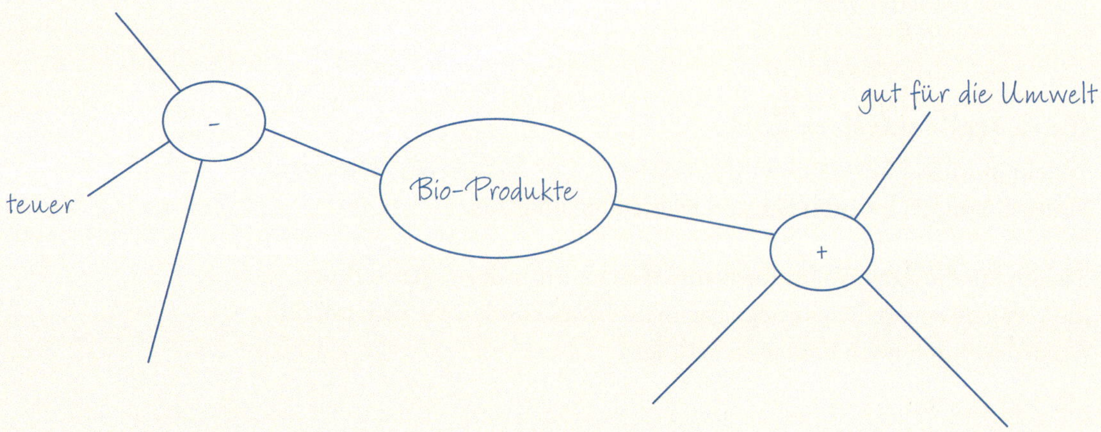

d Schreiben Sie mit Ihren Ideen aus **c** einen Kommentar wie in **b**.

Ich

Lernen Sie passende Ausdrücke auswendig. Je nach Thema können Sie sie dann leicht ändern. Verbinden Sie die Sätze mit Konjunktionen wie *da*, *denn*, *deshalb*, *weil*. So wird Ihr Text lebendiger.

2 In der Prüfung

Sie haben die Doku *Affe, Giraffe & Co: Forschung in Zoos* in der Mediathek gesehen. Im Online-Gästebuch finden Sie die Meinung von Hänsel33. Lesen Sie und schreiben Sie dann Ihre Meinung (circa 80 Wörter).

Gästebuch zu Affe, Giraffe & Co

vom 11. April | 12. April – 17:45 Uhr

Hänsel33 Als ich klein war, gehörte ein Besuch im Zoo zum Sonntags-Programm. Vor den Krokodilen hatte ich immer ein bisschen Angst, aber die Affen und Löwen habe ich geliebt. Heute habe ich so meine Zweifel, ob es den Tieren im Zoo wirklich gut geht, wenn sie nicht in ihrer natürlichen Umgebung aufwachsen. Ist ein Zoo nicht eher wie ein Gefängnis? In dem Beitrag wurde ja auch gezeigt, dass manche Tiere sich sehr auffällig verhalten. Die Sendung hat mich zum Nachdenken gebracht. Ich glaube, wenn ich eigene Kinder hätte, würde ich nicht mit ihnen in den Zoo gehen.

Geben Sie konkrete Beispiele und nennen Sie Gründe für Ihre Meinung. Lesen Sie Ihren Kommentar am Ende noch einmal und zählen Sie die Wörter. Sind es circa 80?

1 Vorbereitung

SPRECHEN

1 41 **a** Lesen Sie den Text auf S. 48. Welche Abschnitte passen zu den Folien 1 – 5? Sortieren Sie. Hören Sie dann und vergleichen Sie.

FOLIE 1
Thema vorstellen
Inhalt und Struktur

FOLIE 2
von Erlebnis berichten

FOLIE 3
Situation im Heimatland

FOLIE 4
Vor- und Nachteile

FOLIE 5
Abschluss, Dank und Fragen

◯ In meiner Heimatstadt Atlanta in den USA habe ich nie vom *Weltfahrradtag* gehört. Dort fahren auch nicht besonders viele Leute Fahrrad. Man benutzt auch für kürzere Wege eher das Auto. Denn: Es gibt nur sehr wenige Fahrradwege – und Radfahren ist wirklich gefährlich. Vor vielen Jahren habe ich es mal versucht und hätte fast einen Unfall gehabt.

(1) Ich erzähle Ihnen heute etwas über den *Weltfahrradtag*, der jedes Jahr am 3. Juni stattfindet. Dieser besondere Tag soll auf die Vorteile vom Radfahren für Gesundheit und Klima aufmerksam machen und noch mehr Menschen zum Radfahren motivieren. Zuerst spreche ich von meinen eigenen Erfahrungen in der Schweiz. Dann erkläre ich Ihnen, wie die Situation für Fahrradfahrer in meinem Heimatland ist. Danach rede ich über die Vor- und Nachteile vom *Weltfahrradtag*.

◯ Damit komme ich zum Ende von meinem Vortrag. Vielen Dank für Ihre Aufmerksamkeit. Haben Sie noch Fragen?

◯ Seit einigen Jahren lebe ich in Zürich. Hier habe ich zum ersten Mal vom *Weltfahrradtag* gehört. Letztes Jahr fand ich eine Aktion besonders spannend: Ich sollte einen Tag lang alles mit dem Fahrrad erledigen: Einkäufe, Arztbesuche ... Einfach alles. Das war in der „Velo"-Stadt Zürich nicht besonders schwer. Denn: Hier gibt es ein wirklich gutes Netz aus sicheren Fahrradwegen! Danach habe ich meine Erfahrungen in den sozialen Medien geteilt. Ich konnte viele andere Menschen in Zürich und Umgebung fürs Radfahren begeistern. Das war ein ganz besonderes Erlebnis in meinem Leben!

◯ Eigentlich ist der *Weltfahrradtag* eine sehr gute Idee: Er kann Menschen dazu motivieren, sich mehr zu bewegen und dadurch der Umwelt und sich selbst etwas Gutes zu tun. Aber ein einziger Tag im Jahr ist nicht genug. Es müsste jeden Tag *Weltfahrradtag* sein! Ein großes Problem ist auch, dass der *Weltfahrradtag* nur in Orten mit vielen sicheren Fahrradwegen funktioniert. Davon gibt es in vielen Ländern leider noch nicht besonders viele.

b **Reaktionen. Was passt? Kreuzen Sie an.**

- ☒ Ich habe noch folgende Frage: ◯ Das ist eine interessante Frage (1): Seit wann gibt es den Weltfahrradtag? Davon habe ich noch nie was gehört.
- ◯ Alles klar ◯ Also, das ist so (2): Seit 1998 gibt es den europäischen Tag des Fahrrads. Es hat 20 Jahre gedauert, bis 2018 daraus der Weltfahrradtag wurde.
- ◯ Vielen Dank. ◯ Einverstanden. (3) Und wann wird es überall Radwege geben?
- Das ist eine sehr interessante Frage. ◯ Leider habe ich keine Information dazu. ◯ Haben Sie noch Anmerkungen? (4)

> **!** Bei der Vorbereitung im Kurs können Sie sich duzen. In der Prüfung selbst sollten Sie aber eine formellere Rolle spielen und sich siezen.

c **Rollenspiel: Partner/in A hält die Präsentation aus a, Partner/in B hört zu und stellt dann Fragen aus b. Tauschen Sie dann die Rollen.**

2 In der Prüfung

Sie sollen Ihren Zuhörerinnen und Zuhörern ein aktuelles Thema präsentieren. Dazu finden Sie fünf Folien. Folgen Sie den Anweisungen links und schreiben Sie Ihre Notizen und Ideen rechts daneben. Präsentieren Sie dann drei bis vier Minuten. Antworten Sie danach auf Rückmeldung und Fragen Ihrer Partnerin / Ihres Partners.

Anweisung	Folie	Notizen
Stellen Sie Ihr Thema vor. Erklären Sie den Inhalt und die Struktur Ihrer Präsentation.	**Folie 1** ***„Die Betreuung von Kindern ist nicht einfach!“*** Sollte es eine Ausbildung für Babysitter geben?	
Berichten Sie von Ihrer Situation oder einem Erlebnis im Zusammenhang mit dem Thema.	**Folie 2** ***Sollte es eine Ausbildung für Babysitter geben?*** Meine persönlichen Erfahrungen / Erfahrungen von Bekannten und Freunden	
Berichten Sie von der Situation in Ihrem Heimatland und geben Sie Beispiele.	**Folie 3** ***Sollte es eine Ausbildung für Babysitter geben?*** Gibt es in meinem Heimatland eine Ausbildung für Babysitter?	
Nennen Sie die Vor- und Nachteile und sagen Sie dazu Ihre Meinung. Geben Sie auch Beispiele.	**Folie 4** ***Sollte es eine Ausbildung für Babysitter geben?*** Vor- und Nachteile & meine Meinung	
Beenden Sie Ihre Präsentation und bedanken Sie sich bei den Zuhörerinnen und Zuhörern.	**Folie 5** ***Sollte es eine Ausbildung für Babysitter geben?*** Abschluss, Dank, Rückfragen	

07 Allein unterwegs

1 Ein ganz besonderer Urlaub! Ordnen Sie zu. W KB 2

~~Begleitung~~ Erholung Kontinent Reiseführer Sehenswürdigkeit Souvenir Touristen

2 Reiseangebote W KB 5 — SPRECHEN

a Lesen Sie und kreuzen Sie an.

ALPENÜBERQUERUNG

Zuerst die ○ Reaktionen ☒ Fakten (1): 138 Kilometer und 5 000 Höhenmeter in 6 Tagen. „○ Wahnsinnig ○ Verrückt (2) schön" oder „Ein wunderbares Erlebnis", so ○ testen ○ bewerten (3) unsere jugendlichen Teilnehmer:innen die Wandertour von Oberstdorf nach Meran. Die Wanderung über die Berge ist zwar anstrengend, aber sie lohnt sich: ○ Südlich ○ Entfernt (4) von den Alpen erwartet dich das angenehme Klima Südtirols. Auf geht's – die Berge warten auf dich!

Rom

Sie lieben Sonne und Sehenswürdigkeiten? Dann kommen Sie mit uns in die italienische Hauptstadt! Unser Hotel liegt ganz ○ zentral ○ erwachsen (5) in der Altstadt. In den bequemen Zimmern werden Sie sich definitiv ○ engagieren ○ wohlfühlen (6). Und beim Programm haben wir uns wieder einiges ○ gefallen ○ einfallen (7) lassen. Lesen Sie doch schon mal die ○ Berichte ○ Beschwerden (8) auf unserer Website. Da kommt die Reiselust ganz von allein!

b Partneraufgabe: Welche Reise aus a würden Sie selbst gern machen und warum? Schicken Sie Ihrer Partnerin / Ihrem Partner eine Sprachnachricht.

[Also ich würde mich definitiv für die Wandertour entscheiden, denn ...]

3 Reiseberichte K KB 5

a Was passt zusammen? Verbinden Sie.

1 Wenn ich an ... denke, dann fällt mir ... ein. — f
2 Ich habe viele Erfahrungen mit ... gemacht.
3 Das finde ich sehr angenehm.
4 Weniger schön finde ich ...
5 Besonders gut gefällt mir ...
6 Insgesamt fühle ich mich nicht so wohl.
7 Ich habe bemerkt, dass ...
8 Das hat fast immer gut geklappt.

a ... könnte nicht besser sein.
b ... finde ich etwas enttäuschend.
c Das hat meistens gut funktioniert.
d Ich habe erkannt, dass ...
e Insgesamt geht es mir weniger gut.
f Bei ... kommt mir ... in den Sinn.
g Das ist sehr schön für mich.
h Mit ... habe ich viele Erfahrungen gesammelt.

b Wählen Sie vier Ausdrücke aus a und schreiben Sie einen kurzen Text über Ihren letzten Urlaub oder Ausflug.

Wenn ich an einen schönen Urlaub denke, dann fällt mir mein Urlaub im Bayerischen Wald ein. Besonders gut gefällt mir dort ... Das finde ich sehr angenehm. Weniger schön finde ich ...

4 Das perfekte Urlaubsziel K KB 5 — SCHREIBEN

2 01 **a** Lesen Sie die Nachricht. Hören Sie dann und kreuzen Sie an. Wer nennt welche Länder?

Hallo Leute, meine Freundin Ava und ich suchen noch Ideen für unseren nächsten Sommerurlaub. Sand, Strand und Meer sind uns wichtig. Habt ihr Tipps? Schickt mir einfach eine Sprachnachricht! Freu mich schon auf eure Vorschläge!

	Mäggi	Tibor	Franz	Mylana
Italien	○	○	○	○
Österreich	☒	○	○	○
Spanien	○	○	○	○

b Was kann man im Sommer in Spanien machen? Hören Sie noch einmal und machen Sie Notizen. Fassen Sie dann die Informationen für Ihre Freundin Ava in einer Textnachricht zusammen.

5 Die Konsonanten *l* und *r* KB 5 — AUSSPRACHE

2 02 **a** Hören Sie und ergänzen Sie *l* und *r*.

1 R and – ..... and
2 ..... eise – ..... eise
3 füh ..... en – füh ..... en
4 Tou ..... isten – ..... isten

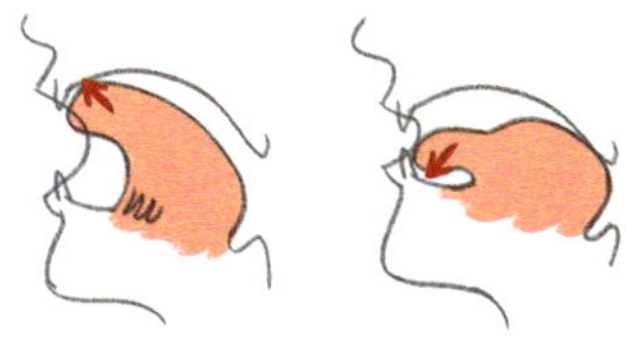

[l] [r]

b Hören Sie noch einmal und sprechen Sie nach.

2 03 **c** Hören Sie. Lesen Sie dann laut und achten Sie auf *l* und *r*.

1 Vielen Dank nochmal für den Reiseführer. Der war eine tolle Begleitung durch Russland!

2 London war laut und voll von Touristen, aber auf dem Land ist es ruhig und leise.

3 In Zentralamerika fühlen wir uns richtig wohl. Wir sind heute mit einem Leihrad gefahren.

6 Materialien W KB 6

a Markieren Sie noch sechs Materialien und ordnen Sie zu. Welche Wörter bleiben übrig? Ergänzen Sie in **b** die Lösungsfrage.

holzausmetallwelchemledermaterialkunststoffistglasderwolleclown

1 

2 
Holz

3 

4 

5 

6 

b Partneraufgabe: Fotografieren Sie drei Gegenstände. Schicken Sie dann abwechselnd die Bilder mit Fragen an Ihre Partnerin / Ihren Partner. Sie / Er antwortet.

Aus ______________________

______________________ ?

Aus ...

Richtig! / Nein, das stimmt nicht. Er / Es / Sie ist aus ...

7 Diminutive (Verkleinerungsformen) G KB 6

Sehen Sie das Bild an und vergleichen Sie. Kreuzen Sie dann an und ergänzen Sie.

In dem Koffer links sind ein brauner Hase und ein rotes Buch. Der Hase und das Buch sind groß.
In dem Köfferchen rechts sind ein weißes Häschen und ein gelbes Büchlein.
Das Häschen und das Büchlein sind klein.

!

- Nomen mit der Endung *-chen* und *-lein* beschreiben ☒ kleine ○ große (1) Dinge
- Der Artikel für eine Sache ist immer ○ ◆ ○ ◆ (2), für mehrere Dinge ◆, die Endung bleibt aber immer gleich, z. B. ein Köfferchen → zwei Köfferchen
- Bei Nomen, die auf *-e* enden, entfällt der letzte Buchstabe, z. B. Hase → ______________ (3)
- Endet ein Nomen auf *-g* oder *-ch*, wie z. B. B______ (4), verkleinert man oft mit *-lein*
- ⚠ a → ä, o → ö, u → ü (z. B. Hase → H___schen, Koffer → K___fferchen, Buch → B___chlein (5)

8 Im Mini-Land. Was sehen die Besucherinnen und Besucher? G KB 6

Ergänzen Sie die Artikel, Endungen und Umlautpunkte (¨).

1 das Dörf chen
2 ______ Zug ______
3 ______ Haus ______
4 ______ Turm ______
5 ______ Brücke ______
6 ______ Fluss ______
7 ______ Ente ______
8 ______ Wald ______

9 Auf dem Biomarkt G KB 6

Lesen Sie und markieren Sie die Endungen der Adjektive. Ergänzen Sie dann in der Tabelle.

- Leckere Honigmilch mit echtem Bienenhonig!
- Frisches Bio-Brot!
- Einkaufen ohne schlechtes Gewissen!
- Saftige Bio-Orangen: Mit gesunden Vitaminen!
- Alle Produkte ohne künstliche Inhaltsstoffe!
- Süßer Bio-Birnensaft ohne fremden Zucker, aber mit natürlichem Vitamin C!
- Lebensmittel aus nachhaltiger Landwirtschaft – ohne gefährliche Gentechnik!

	◆	◆	◆	◆
Nominativ *Das ist / sind ...*	der Saft süß...... ~	das Brot frische...... ~	die Milch lecker e ~	die Orangen saftig...... ~
Akkusativ *ohne ...*	den Zucker fremd...... ~	das Gewissen schlechte...... ~	die Gentechnik gefährlich...... ~	die Stoffe künstlich...... ~
Dativ *mit / aus ...*	dem Honig echt...... ~	dem Vitamin C natürlich...... ~	der Landwirtschaft nachhaltig...... ~	den Vitaminen gesund...... ~

10 Gesucht, gefunden! Kreuzen Sie an. G KB 6

Studentin sucht ○ kleiner ☒ kleinen (1) Verlag für ○ zweimonatige ○ zweimonatiges (2) Praktikum in ○ zentraler ○ zentrale (3) Lage in ○ lebendiger ○ lebendigem (4) Großstadt.

○ Besseren ○ Bessere (5) Sprachkenntnisse gewünscht? Mit unserer Hilfe kommst du mit ○ interessierten ○ interessierte (6) Deutsch-Lernenden in Kontakt!

○ Erfahrener ○ Erfahrenem (7) Reiseprofi ohne ○ eigene ○ eigener (8) Reisegruppe sucht Auftrag! Bei Bedarf leihe ich ○ gebrauchte ○ gebrauchten (9), ○ saubere ○ sauberen (10) Rucksäcke aus.

11 Anzeigen: Kaufen und verkaufen! G KB 6 SCHREIBEN

a Ergänzen Sie die Adjektive in der richtigen Form.

GO BUY

Günstige Preise (günstig) (1) und .... Service (schnell) (2)! *Handy-to-go*! Heute im Angebot: .... Handy (gebraucht) (3) *Speech200* mit .... Akku (neu) (4).

.... Sofa (bequem) (5) aus .... Leder (weich) (6)!

Drei .... Frauen (berufstätig) (7) suchen .... Zuhause (neu) (8)! .... Wohnung (gemütlich) (9) mit .... Küche (hell) (10) gewünscht!

b Was verkaufen / suchen Sie?
Schreiben Sie zwei Anzeigen wie in a.

+ NOCH MEHR?
Seite 99

08 „Soziales Pflichtjahr“, ja oder nein?

1 Was meinen Sie? K KB 2 SPRECHEN

a Verbinden Sie.

1 Ich bin der Meinung
2 Meiner Meinung nach
3 Ich bin der Ansicht
4 Meiner Ansicht nach
5 Ich bin ziemlich sicher
6 Ich bin absolut der Überzeugung

... macht Geld glücklich.

..., dass Geld glücklich macht.

b Partneraufgabe: Wählen Sie zwei Aussagen und schicken Sie eine Sprachnachricht mit Ihrer Meinung an Ihre Partnerin / Ihren Partner. Sie / Er antwortet. Benutzen Sie Satzanfänge aus a.

Sport ist ungesund. | Tiere sind klüger als Menschen. | Sprachenlernen macht Spaß. | Rauchen sollte verboten sein. | Man sollte keine Tiere töten. | ...

[Meiner Meinung nach sind Tiere klüger als Menschen, denn sie machen die Umwelt nicht kaputt. Wie siehst du das?]

[Ich bin ich der Ansicht, dass Menschen klüger sind als Tiere, denn Menschen haben viele tolle Dinge erfunden.]

2 Politik W KB 3

a Ordnen Sie zu.

Gefängnis
Gesellschaft
Gesetz
~~Gesetze~~
Gewissen
Jahrzehnte
Pflicht
Staat
System
Vorbereitung

Politik leicht erklärt: Warum gibt es Gesetze ***(1)?***

Unser .... (2) sagt uns, ob wir richtig oder falsch handeln. Das ist für das Zusammenleben in einer .... (3) aber nicht genug. Deshalb gibt es Gesetze. Zum Beispiel verbietet das Jugendschutz-............ (4), dass Jugendliche unter 18 Jahren in der Öffentlichkeit rauchen dürfen. Ein anderes Gesetz sagt, dass Kinder in die Schule gehen müssen, dass für sie also die Schul-............ (5) gilt. Außerdem kommen Menschen ins .... (6), wenn sie andere Menschen töten. Deutschland kann, wie jeder andere .... (7), eigene Gesetze machen. Sie können nicht einfach geändert werden und sollen viele .... (8) gelten. Daher brauchen Politikerinnen und Politiker viel Zeit für die .... (9) und müssen viel diskutieren.

Mehr Informationen zum politischen .... (10) in Deutschland gibt es hier

b Partneraufgabe: Wählen Sie zwei Wörter aus a. Schreiben Sie zu jedem Wort ein Rätsel und schicken Sie es an Ihre Partnerin / Ihren Partner. Sie / Er rät.

Vor einer Prüfung braucht man eine gute ...

Vorbereitung!

Richtig! / Falsch!

3 Zischlaute KB 4 — AUSSPRACHE

2 04 **a** Welche Laute hören Sie? Hören Sie und kreuzen Sie ein- oder zweimal an. Achten Sie auf die farbigen Buchstaben. Hören Sie dann noch einmal und sprechen Sie nach.

					A (ts)	B 	C 
1	Souvenir	Versammlung	lesen	Risiko	○	☒	○
2	finanziell	Umweltschutz	Demonstration	Jahrzehnt	○	○	○
3	Erlebnis	fleißig	Dienst	Diskussion	○	○	○
4	Disziplin	ausziehen	Jahreszeit	Szene	○	○	○
5	System	Sessel	süß	sonst	○	○	○
6	sozial	Einsatz	Franzose	Situation	○	○	○

2 05 **b** Hören Sie und achten Sie auf die farbigen Laute. Lesen Sie dann das Gespräch laut.

- ○ Was ist ein Jahrzehnt?
- □ Ein Jahrzehnt sind zehn Jahre.
- ○ Und was macht Umweltschutz?
- □ Umweltschutz schützt die Umwelt.
- ○ Ah, so funktioniert das!
- □ Ganz genau!

4 Infinitiv mit *zu* W G KB 4

a Lesen Sie. Markieren Sie dann die Verben mit *zu* und kreuzen Sie an.

www.ratgeber.net

TIPPS FÜR IHRE PERFEKTE REDE

Können Sie sich gar nicht **vorstellen**, vor anderen Menschen sprechen zu müssen und **finden** Sie **es schwierig**, sich für Präsentationen zu motivieren? **Haben** Sie einfach nur keine **Zeit** oder keine **Lust**, eine Rede vorzubereiten oder **haben** Sie vielleicht sogar **Angst** davor, nervös zu sein und deshalb Ihren Text zu vergessen? Falls ja, **empfehle** ich Ihnen, diese Tipps mal auszuprobieren:

- **Versuchen** Sie, sich besonders gut vorzubereiten
- **Fangen** Sie früh **an**, erste Ideen zu sammeln und aufzuschreiben
- Erzählen Sie von eigenen Erfahrungen, denn viele **finden es toll**, von anderen zu lernen
- **Fordern** Sie am Ende alle **auf**, Fragen zu stellen.
- **Vergessen** Sie nicht, sich für die Aufmerksamkeit zu bedanken

Sie werden sehen: **Es macht glücklich**, eine „perfekte" Rede zu halten!

> Normalerweise steht *zu* ☒ vor ○ nach (1) dem Infinitiv (*halten*, ...),
> bei zwei Verben aber ○ vor ○ zwischen (2) Verb und Modalverb (*müssen*, ...)
> und bei trennbaren Verben (*an|fangen*, ...) ○ vor ○ zwischen (3) Vorsilbe und Verb.

b Lesen Sie den Text in a noch einmal und ergänzen Sie die **fetten** Ausdrücke.

> Infinitivkonstruktion mit *zu* folgt nach:
> – bestimmten Verben, z. B. *anfangen*, *auf* ________, *emp* ________,
> *ver* ________, *ver* ________, *(sich) vor* ________ ...
> – Nomen + *haben*, z. B. *Spaß / L* ________ / *Z* ________ / *A* ________ *haben*
> – Ausdrücken mit *es*, z. B. *es m* ________ *glücklich*;
> *man findet es t* ________ / *s* ________

5 Im sozialen Bereich arbeiten G KB 4 SCHREIBEN

a Ergänzen Sie in der richtigen Form.

www.abendblatt-online.de

Vom Büromanager zum Altenpfleger

Nach 15 Jahren in einem gut bezahlten Bürojob hatte Simon Meyer keine Lust mehr, den ganzen Tag E-Mails zu beantworten (beantworten) (1), Meetings .... (vor | bereiten) (2) und Büromaterial .... (ein | kaufen) (3). „Ich konnte mir einfach nicht vorstellen, bis zur Rente immer nur im Büro .... (sitzen / müssen) (4). Ich habe immer öfter vergessen, wichtige Aufgaben .... (erledigen) (5). Da wusste ich, dass ich etwas ändern muss", sagt der heute 42-Jährige. Er wollte lieber im sozialen Bereich arbeiten. Deshalb hat er vor zwei Jahren angefangen, eine Ausbildung zum Altenpfleger .... (machen) (6). Trotz schlechter Arbeitsbedingungen und Bezahlung hat Simon Spaß daran, ältere Menschen .... (betreuen) (7): „Ich finde es toll, einen Job .... (haben) (8), der wirklich wichtig ist. Ich versuche, alles .... (unternehmen) (9), damit sich die Menschen im Seniorenheim wohlfühlen. Leider habe ich manchmal nicht genug Zeit, ... (zu | hören) (10)." Simon ist mit seiner Entscheidung eher eine Ausnahme. Viele haben Angst davor, ihren Beruf .... (wechseln) (11). Denn es ist schwierig, später im Leben ganz neu .... (an | fangen) (12). Simon meint: „Es macht glücklich, im Seniorenheim .... (arbeiten) (13). Ich kann allen nur empfehlen, sich beruflich neu .... (orientieren) (14). Dafür ist es nie zu spät."

b Schreiben Sie Sätze.

www.abendblatt-online.de

Würdest du wie Simon auch gern im sozialen Bereich arbeiten? Warum (nicht)?

Toni Ich kann mir überhaupt nicht vorstellen, mit alten Menschen zu arbeiten (arbeiten | mit alten Menschen) (1).

Dea Ich finde die Idee schon interessant, denn es macht glücklich, ... (unterstützen | andere Menschen) (2).

Help is coming Gern, aber eher freiwillig neben dem Beruf. Es macht nämlich Spaß, in der Freizeit .... (machen können | etwas ganz anderes) (3)!

ArkusM Mein Bürojob ist anstrengend genug. Ich habe keine Lust, ... (arbeiten | Tag und Nacht) (4) und .... (pflegen | alte Menschen) (5)!

Junimond Ich möchte meinen Job nicht wechseln. Aber ich versuche im Alltag .... (tun | etwas für andere Menschen) (6).

Patti Z Ich finde es toll, ... (arbeiten | als Krankenpflegerin) (7). Leider fehlen aber noch sehr viele Leute in der Pflege. Ich fordere die Politikerinnen und Politiker auf, ... (endlich attraktiver machen | den Beruf) (8)!

c Und Sie? Würden Sie gern wie Altenpfleger Simon Meyer im sozialen Bereich arbeiten? Warum (nicht)? Schreiben Sie einen Beitrag wie in **b**.

NOCH MEHR? Seite 100

6 Diskussionen K KB 5 — SPRECHEN

a Soziales Engagement ja oder nein? Lesen Sie das Gespräch und ordnen Sie zu.

1 aber nicht so sicher | 2 anderer Meinung | 3 dazu ergänzen | 4 deiner Meinung | 5 du recht | 6 etwas sagen | 7 ich auch so | 8 ich unterbreche, aber | 9 ich völlig anderes | 10 ich widersprechen | 11 kurz ausreden | ~~12 mich nicht falsch~~ | 13 mir gut vorstellen | 14 möchte noch kurz sagen

- ○ Meiner Meinung nach sollte es für junge Leute ein soziales Pflichtjahr geben.
- □ **Versteh** ⬡12, ich finde soziales Engagement auch wichtig. Aber warum sollen sich eigentlich nur junge Leute und nicht auch ältere Menschen engagieren?
- ○ **Das sehe** ⬡. Alle, auch ältere sollten sich …
- □ Da bin ich …
- ○ **Lass mich bitte** ⬡. Ich wollte noch sagen, dass alle die Pflicht haben sollten, einmal im Leben etwas für die Gesellschaft zu tun.
- □ **Da bin ich ganz** ⬡. Engagement sollte meiner Ansicht nach immer freiwillig sein und nicht Pflicht.
- ○ Ja. **Ich bin ganz** ⬡. Ich glaube nicht, dass man wirklich motiviert ist, wenn man sich engagieren *muss*.
- ○ **Da bin ich mir** ⬡. Oft weiß man doch vorher gar nicht, ob einem eine Arbeit gefällt. Später ist man vielleicht sogar davon begeistert.
- □ **Entschuldigung, wenn** ⬡ es gibt doch schon Programme für freiwilliges soziales Engagement. Freiwillige müssten nur mehr Geld bekommen. Dann würden das noch mehr Leute machen.
- □ **Darf ich direkt etwas** ⬡? Mehr Geld für Freiwillige, **das kann ich** ⬡. Freiwilligendienste müssten attraktiver sein. **Da hast** ⬡.
- ○ **Das sehe** ⬡. Wenn man sich freiwillig engagiert, macht man das nicht fürs Geld.
- ○ **Da muss** ⬡.
- ○ **Einen Moment bitte, ich** ⬡, dass ich es wichtiger finde, mehr Fachleute einzustellen. Meiner Ansicht nach machen oft Freiwillige die Arbeit von ausgebildeten Mitarbeiterinnen und Mitarbeitern.
- ○ Nein, Freiwillige sind eher eine Unterstützung!
- ○ **Ich möchte** ⬡. Ich habe z. B. gelesen, dass 20 000 Erzieherinnen und Erzieher in Kindergärten fehlen.

b Wählen Sie eine Aussage. Stimmen Sie mit Ausdrücken aus **a** zu oder widersprechen Sie.

1	2	3
Meiner Meinung nach sollte man schon mit 16 Bürgermeister/in werden dürfen.	Ich bin der Ansicht, dass zu viele Schüler/innen das Abitur machen.	Ich finde, dass Produkte aus Plastik verboten werden sollten.

7 Radiosendung: Spenden K KB 5 — SCHREIBEN

2 ◀)) 06 **a** Was ist das Thema der Radiosendung? Hören Sie und kreuzen Sie an.

○ Spendenaufruf in der Vorweihnachtszeit ○ Vor- und Nachteile von Spenden

2 ◀)) 07 **b** Was sind die Vor- und Nachteile von Spenden? Hören Sie weiter und notieren Sie.

Pro: Darum sollte man spenden	Kontra: Darum sollte man nicht spenden
…	…

c Ihr Freund Bo möchte sich über die Vor- und Nachteile von Spenden informieren, versteht aber nicht so gut Deutsch. Fassen Sie die wichtigsten Punkte der Radiosendung in **b** in einfacher Sprache in einer E-Mail zusammen. Benutzen Sie die Notizen aus **b**.

> Hallo, zum Thema Spenden habe ich gerade eine interessante Diskussion im Radio gehört. Spenden sind gut, weil … Schlecht an Spenden ist aber …

09 Trotzdem eine super Erfahrung!

1 Die Sommer-Uni W KB 3

Finden Sie noch 13 Wörter und ergänzen Sie. Lösen Sie dann das Rätsel.

möglichst|abschlussfächerzertifikatausreichenstolzgebühren
herausforderungstilberichtefortschritteaufenthaltdoppeltanmelden

Es ist oft eine ______ (1) die deutsche Sprache und Kultur zu verstehen. Daher laden wir dieses Jahr wieder zu einem ______ (2) in Süddeutschland ein:

10. INTERNATIONALE SOMMER-UNI STUTTGART

Wir sind glücklich und sehr ______ (3), dass die Sommer-Uni schon zum 10. Mal stattfindet. Dieses Jahr gibt es das Angebot gleich ______ (4): 7. – 25.8. und 28.8. – 15.9.

Das wartet auf dich:
- täglich vier Stunden Deutsch, schnelle ______ - ______ (5)
- buntes Programm mit Workshops, Seminaren und Zusatzaktivitäten
- erfahrene Dozent*innen mit angenehmem Unterrichts-______ (6)
- nach ______ (7) der Sommer-Uni: Teilnahme-______ (8)

Lies hier ______ (9) von früheren Teilnehmer*innen.

Voraussetzungen:
- 18 – 26 Jahre
- alle Studien-______ (11)
- Deutschkenntnisse ab Niveau A2

Nicht sicher, ob deine Sprachkenntnisse ______ (12)? Mach den Sprachcheck

Teilnahme & Anmeldung:
Kurs-______ (13): € 780 (+ Unterkunft)
Anmeldung: bis 25.6.
(Tipp: m ö g l i c h s t (14) früher – es gibt nur 60 Plätze)

Möchtest du dich ______ (10)? Hier geht es zum Online-Formular.

Die Sommer-Uni ist eine besondere i 1 _ 2 _ 3 _ 4 _ 5 _ 6 _ 7 _ 8 _ 9 _ 10 _ 11 _ 12 _ 13 _ 14 _ 15 _ Erfahrung.

2 Welche Kurse gibt es bei der Sommer-Uni? Ordnen Sie zu. W KB 3

Dialekte ~~gelogen~~ mündliche schriftliche Schwierigkeiten Verständnis

Wahr oder gelogen (1)? Sprache in den sozialen Medien

Bayerisch & Co.: Keine ______ (4)-Probleme mehr! Deutsche ______ (5) kennenlernen

Sag's und schreib's besser – So geht ______ (2) und ______ (3) Kommunikation!

Sommer, Sonne, Dativ – keine ______ (6) mehr mit der deutschen Grammatik!

3 Betonte und unbetonte Vorsilben KB 3 — AUSSPRACHE

2 08 **a** Ist die Betonung gleich oder unterschiedlich? Hören Sie, summen Sie mit und ordnen Sie zu: = oder ≠.

1 ⬡ (=) 2 ⬡ 3 ⬡ 4 ⬡ 5 ⬡

> **!** betont: *an-*, *aus-*, ab-, ……
> unbetont: be-, ……, ……

2 09 **b** Hören Sie, sprechen Sie nach und ergänzen Sie die Regel.

2 10 **c** Hören Sie und markieren Sie bei den **fetten** Wörtern den Akzent. Sprechen Sie dann.

1 **Genießen** Sie Ihren **Aufenthalt**!
2 **Besuchen** Sie die **Vorlesung**!
3 **Bezahlen** Sie die **Gebühren**!
4 **Erreichen** Sie Ihren **Abschluss**!

4 Nachrichten aus der Uni G KB 4

a Lesen Sie die Überschriften und kreuzen Sie an.

1 **Wegen eines neuen Anbieters: Eine Woche lang kein Internet in den Vorlesungssälen!**

2 Zu wenig Räume an der Universität trotz des neuen Studienzentrums

3 Ab Herbst: Auslandssemester in Kanada wegen einer neuen Partner-Uni möglich

4 Trotz neuer Rekorde bei den Studierendenzahlen: Noch freie Zimmer in WGs und Wohnheimen!

… **wegen** einer neuen Partner-Uni: ○ weil ○ obwohl (1) es eine neue Partner-Uni gibt
… **trotz** neuer Rekorde: ○ weil ○ obwohl (2) es neue Rekorde gibt

b *Wegen* und *trotz*. Markieren Sie die Endungen der Artikel und Adjektive in a in den Artikelfarben , , und . Ergänzen Sie dann die fehlenden Wörter und Buchstaben in der Tabelle.

◆ des / eines	neuen	Anbieters
◆ …… / eines	……	Studienzentrum ……
◆ der / ……	……	Partner-Uni
◆ der / –	neuen / ……	Rekorde

> **!** ⚠ Preis, Schutz
> → des Preis**es**, Schutz**es**

5 Welcher Sprachkurs-Typ sind Sie? G KB 4 — SPRECHEN

a Ergänzen Sie *obwohl, weil, trotz* und *wegen*.

Typ *Präsenzkurs*
Wegen (1) der netten Kontakte lernen Sie am liebsten in einer Gruppe. Sie finden es wichtig, regelmäßig in einen Kurs zu gehen, …… (2) Sie beruflich viel zu tun haben.

Typ *Intensivkurs*
…… (5) des schnelleren Erfolgs lernen Sie am liebsten jeden Tag mehrere Stunden. …… (6) der vielen Arbeit sind Sie begeistert von Ihren schnellen Erfolgen.

Typ *Sprachlern-App*
Sie lernen gern am PC und am Smartphone, …… (3) Sie mit diesen Geräten zu viel Zeit verbringen. Sie möchten auch die Busfahrt und die Mittagspause zum Lernen nutzen, …… (4) Sie wenig Zeit haben.

Typ *Sprachreise*
Sie verbinden einen Sprachkurs gern mit einer Reise, …… (7) Sie so die Sprache direkt vor Ort auf der Straße sprechen können. …… (8) der ungewohnten Umgebung lernen sie lieber weit weg von Ihrer Heimat.

b Lesen Sie und ergänzen Sie: –, *-en*, *-er*, *-es* oder *-s*.

LaXXi
Also, ich bin auf jeden Fall Typ *Präsenzkurs*. Eine Sprachreise mache ich nie wieder! Wegen ein es (1) günstig ___ (2) Angebot ___ (3) bin ich letztes Jahr nach Berlin geflogen. Trotz d ___ (4) toll ___ (5) Stadt ___ (6) war ich gar nicht zufrieden. Die Kursleiterin war furchtbar. Wegen d ___ (7) langweilig ___ (8) Unterricht ___ (9) habe ich mich sogar beschwert.

MickyM.
Ich bin vor allem Typ *Intensivkurs*. Wegen d ___ (10) viel ___ (11) Unterrichtsstunden ___ (12) lerne ich wirklich schnell. Aber Sprachlern-Apps mag ich auch gern. Wegen mein ___ (13) Job ___ (14) bin ich viel im Zug unterwegs und kann dort mit der App lernen. Trotz manchmal langweilig ___ (15) Aufgaben ___ (16) macht das echt Spaß.

c Partneraufgabe: Welche Erfahrungen haben Sie bisher mit den Kursarten in **a** gemacht? Welcher Sprachkurs-Typ sind Sie? Schreiben Sie einen Beitrag wie in **b** und schicken Sie dann eine Videonachricht an Ihre Partnerin / Ihren Partner.

+ NOCH MEHR?
Seite 101

6 Bewertungen über die *Sprachschule im Fluss* G KB 4 SCHREIBEN

a Lesen Sie und unterstreichen Sie die wichtigsten Informationen.

SPRACHSCHULE IM FLUSS, BERLIN FRIEDRICHSHAIN

42 KOMMENTARE

Salma Moustafa ★★★★☆
Ich lerne hier schon drei Monate Deutsch. Der Unterricht ist super, weil die Gruppen klein sind. Obwohl die Straße sehr laut ist, ist es in den Kursräumen ruhig und man kann sich gut konzentrieren. Aber es gibt einen Stern weniger, weil der Kaffee in der Kantine kalt ist.

Karolina Kowalski ★★☆☆☆
Ich habe an der Sprachschule gerade einen B1-Kurs gemacht. Obwohl meine Vorbereitung wirklich intensiv war, habe ich die Abschlussprüfung nicht bestanden. Ich habe mich auch beschwert, weil es Fehler im Unterrichtsmaterial gab. Wegen dem netten Kursleiter gibt es trotzdem zwei Sterne.

Jakab L. ★★★★★
Ich mache hier gerade einen Intensivkurs und bin echt begeistert, weil die Sprachschule nette Lehrkräfte hat und spannenden Unterricht und eine lockere, internationale Stimmung bietet. Obwohl die Kurse relativ teuer sind, möchte ich nur noch hier lernen.

b Lesen Sie die Textnachricht und fassen Sie dann die Bewertungen aus **a** für die *Sprachschule im Fluss* mit *wegen* und *trotz* in einer E-Mail formell zusammen.

Hi! Wir haben einige Bewertungen bekommen – kannst du mir die wichtigsten Punkte zusammenfassen? Danke!

Lieber Gustav,
hier ist die Zusammenfassung der Bewertungen: Wegen der kleinen Gruppen ist der Unterricht super. Trotz der sehr lauten Straße ...

7 Bewerbung fürs Auslandssemester W KB 5 SCHREIBEN

a Lesen Sie den Chat und kreuzen Sie an.

www.studienberatung-uni.de

Uni Hallo, ich bin Vicki vom Uni-Sekretariat. Wie kann ich Ihnen helfen?

Studi Ich habe ein Problem mit dem Bewerbungstermin für das Auslandssemester. Ich muss ja vor meiner Bewerbung das Niveau B1 ☒ abschließen ○ abholen (1). Die Prüfung ist aber leider erst Ende Juli und ich muss noch eine Hausaufgabe ○ abladen ○ abgeben (2). Das Zertifikat bekomme ich ○ überhaupt ○ voraussichtlich (3) erst Mitte August. Mein Dozent könnte mir aber schon vorher eine ○ Bestätigung ○ Entschuldigung (4) geben, dass ich die Prüfung bestanden habe.

Uni Da kann ich Ihnen leider nicht weiterhelfen. ○ Wenden ○ Schreiben (5) Sie sich bitte über das Kontaktformular direkt an das *International Office* und ○ sagen ○ berichten (6) Sie über das Problem. Sie bekommen dann so bald wie möglich eine Antwort.

Studi Alles klar, vielen Dank.

b Was schreibt man in einer formellen E-Mail? Ordnen Sie zu. Einige Elemente passen nicht.

Außerdem wollte ich Sie fragen, ob / wann ... | Besten Dank im Voraus. | Es tut mir leid, aber ... | Filip | Filip Andersen | ~~Frage zur Bewerbung~~ | Ich könnte ... Wäre das möglich? | Liebe Grüße | Mit freundlichen Grüßen | Sehr geehrte Damen und Herren, | Sorry ...

Betreff	Frage zur Bewerbung: Studierenden-Nummer 3223, Universität Oslo
Anrede	Sehr geehrte Frau ..., / Sehr geehrter Herr ...,
E-Mail	Leider ... / Ich kann ... voraussichtlich ... Wäre das für Sie in Ordnung? /
weitere Fragen	Ich hätte noch eine weitere Frage: ... /
Dank	Vielen Dank für ... /
Gruß	
Name	

c Schreiben Sie die E-Mail für Filip und erklären Sie das Problem. Verwenden Sie die Informationen aus **a** und Ausdrücke aus **b**.

Betreff: Frage zur Bewerbung: Studierenden-Nummer 3223, Universität Oslo

Sehr geehrte Damen und Herren,

1 Wie war Fridoline als Mädchen? W

Finden Sie noch acht Adjektive. Welche passen? Ordnen Sie zu.

fleißig|blindstolzbegabtgebrauchtschüchternprominentklugfriedlich

Fridoline war sehr *fleißig* (1)

Sie war außerdem besonders ………… (2)

... und auch wahnsinnig ………… (3)

... aber gar nicht ………… (4)

Ihr Vater war sehr ………… (5) auf sie.

2 Welche vier Wörter passen? Markieren Sie. W

Kontinent: Europa | Amerika | Deutschland | Afrika | Asien
Reise: ◆ Reiseführer | ◆ Sehenswürdigkeit | ◆ Tourist | ◆ Form | ◆ Souvenir
Urlaub: ◆ Aufenthalt | ◆ Übernachtung | ◆ Erholung | ◆ Hotel | ◆ Jahrzehnt
Politik: ◆ Staat | ◆ Gesetz | ◆ Gesellschaft | ◆ Leder | ◆ Bürgermeister
Schulfach: Englisch | Biologie | Fußball | Mathematik | Sport
Studium: ◆ Gebühr | ◆ Postfach | ◆ Vorlesung | ◆ Zertifikat | ◆ Seminar
Abschluss: ◆ Verlag | ◆ Fachabitur | ◆ Abitur | ◆ Bachelor | ◆ Master

3 Lesen Sie den Chat. Schreiben Sie dann die Beiträge anders. K

Maya
Viele finden Städtereisen entspannend. **Da bin ich ganz anderer Meinung. Meiner Meinung nach** bieten Städtereisen überhaupt keine Erholung. **Ich bin ziemlich sicher, dass** die meisten das auch so sehen.

Paule
Darf ich direkt etwas dazu sagen? Städtereisen sind eigentlich wahnsinnig interessant und auch entspannend. Ich kann sie nur empfehlen! 🤩

SiXX
Ja! **Das sehe ich auch so:** Städtereisen sind besonders stressig. Vor einem Monat war ich in Rom. Die Reise dorthin war noch gemütlich und ruhig. **Das war sehr schön für mich. Weniger schön fand ich** das stressige Programm vor Ort. **Insgesamt ging es mir ziemlich schlecht.** Nie wieder!

Das fand ich sehr angenehm. | ~~Das sehe ich völlig anders~~ | Enttäuschend war für mich ... | Ich möchte dazu etwas ergänzen. | Ich bin ganz deiner Meinung. | Meiner Ansicht nach ... | Insgesamt fühlte ich mich nicht so wohl. | Ich bin der absoluten Überzeugung, dass ...

Maya: Viele finden Städtereisen entspannend. Das sehe ich völlig anders. Meiner ...

4 Audiotraining: *Hier ist das Fläschchen.* G

2 11

Hören Sie und reagieren Sie.

5 Aus den Nachrichten. Ergänzen Sie die Endungen. G

Gesellschaft:
Interessant e (1) Umfrage mit enttäuschend ..... (2) Ergebnis

CeleLingua:
Schnell ..... (3) Fortschritte mit neu ..... (4) Sprachlern-App

Arbeitsmarkt:
Besser ..... (5) Chancen mit perfekt ..... (6) IT-Kenntnissen!

Erfolgsgeschichte:
Super bezahlt ..... (7) Stelle ohne deutsch ..... (8) Schulabschluss!

Angebot:
Irland-Rundreise mit eigen ..... (9) PKW

EuroUni:
Spannend ..... (10) Studium, auch ohne gut ..... (11) Abitur oder ander ..... (12) Abschlüsse!

Movierama:
Groß ..... (13) Film-Spaß ohne nervig ..... (14) Werbung!

2 12
6 Audiotraining: *Trotz* oder *wegen* G

Hören Sie und reagieren Sie mit *Ach, tatsächlich?*

7 Was sagt die neue Bürgermeisterin? Ergänzen Sie G

ab|geben an|melden arbeiten dürfen da sein erledigen müssen lösen ~~machen~~ sich engagieren zufrieden|stellen

Ich habe Spaß daran, für unsere Stadt Politik zu machen (1).

Ich versuche, für alle Bürgerinnen und Bürger ..... (2).

Es macht mich glücklich, als Bürgermeisterin ..... (3).

Ich finde es toll, so viele Aufgaben ..... (4).

Ich habe keine Angst davor, Probleme ..... (5).

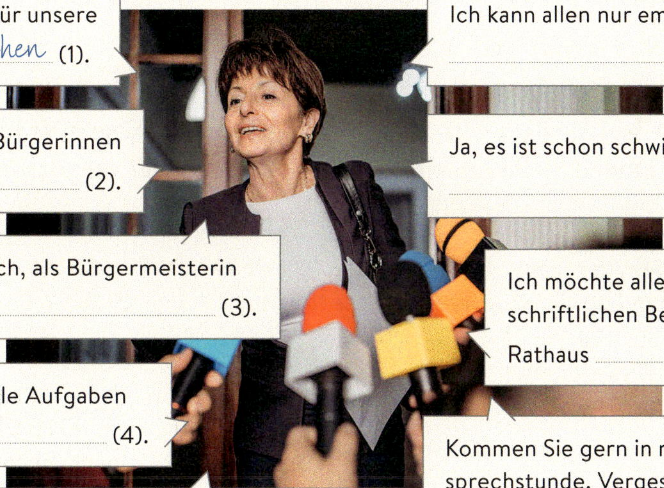

Ich kann allen nur empfehlen, ... (6).

Ja, es ist schon schwierig, alle ..... (7).

Ich möchte alle auffordern, ihre schriftlichen Beschwerden im Rathaus ..... (8).

Kommen Sie gern in meine Bürgersprechstunde. Vergessen Sie aber bitte nicht, sich vorher ..... (9).

8 Studiengebühren in DACH-Ländern SCHREIBEN

Ihre Verwandten interessieren sich für Studiengebühren in deutschsprachigen Ländern, verstehen aber kein Deutsch. Übersetzen Sie die Texte schriftlich in die Sprache Ihrer Verwandten.

In Österreich bezahlen Studierende keine Gebühren, wenn sie aus der EU oder der Schweiz kommen und wenn sie nicht länger als die Regelstudienzeit studieren.

In der Schweiz zahlen alle Studierenden Gebühren. Studierende aus dem Ausland und an privaten Hochschulen zahlen an staatlich finanzierten Einrichtungen mehr als inländische Studierende. Zusätzliche Kosten können für Anmeldung oder Aufnahmeprüfungen entstehen.

An deutschen Unis zahlen die meisten Studierenden keine Gebühren, aber einen niedrigen Semesterbeitrag für den Betrieb von Mensen, Wohnheimen etc. Ausnahmen sind viele Langzeit- und Masterstudierende sowie Studierende aus dem Nicht-EU-Ausland und an privaten Hochschulen: Sie müssen zusätzlich mit Studiengebühren rechnen.

1 Was ist richtig? Kreuzen Sie an. LESEN

www.politik-fuer-dich.net/stadtrat

Was ist ein Stadtrat und welche Aufgaben hat er?

In jeder Stadt gibt es einen Stadtrat. Das ist die Versammlung von Politikerinnen und Politikern, die Stadträte genannt werden. Die Stadträte werden alle fünf Jahre von den Bürgerinnen und Bürgern einer Stadt gewählt. Sie arbeiten ehrenamtlich im Stadtrat. Das heißt, sie haben noch einen anderen Beruf und bekommen für ihre Tätigkeit als Stadträte nur ein bisschen Geld. Der Stadtrat trifft sich regelmäßig, z. B. alle drei Wochen, im Rathaus, um über wichtige Themen zu diskutieren und Entscheidungen im Interesse der Einwohnerinnen und Einwohner zu treffen. Die Bürgermeisterin oder der Bürgermeister ist Teil des Stadtrats und leitet die Versammlung. Der Stadtrat entscheidet zum Beispiel darüber, ob eine neue Schule oder eine Straße gebaut wird, ob ein Schwimmbad repariert werden soll oder ob ein Verein finanzielle Hilfe bekommt.

1 Alle Städte haben einen Stadtrat. ☒
2 Der Stadtrat wird regelmäßig gewählt. ○
3 Stadträte arbeiten nur als Stadträte. ○
4 Mit der Arbeit als Stadtrat verdient man gut. ○
5 Bürgermeister gehören auch zum Stadtrat. ○
6 Der Stadtrat will das Leben der Menschen in der Stadt verbessern. ○
7 Der Stadtrat darf nicht entscheiden, wer Geld von der Stadt bekommt. ○

.... / 6 Punkte

2 Eine Beschwerde verfassen SCHREIBEN

Lesen Sie. Schreiben Sie dann eine E-Mail mit Anrede, Einleitung und Schluss an den Bürgermeister. Finden Sie Argumente *gegen* Motorboote auf dem Stadtsee.

Der Stadtrat diskutiert heute darüber, ob man Motorboote auf dem Stadtsee erlauben soll oder nicht. Bürgermeister Schubert ist für die Nutzung von motorisierten Booten. Seine Argumente sind:

1. Motorbootfahren ist für viele Menschen eine beliebte Freizeitaktivität, weil sie Zeit in der Natur verbringen können, ohne sich anstrengen zu müssen.
2. Motorbootfahren ist kein Problem für die Umwelt, weil es nur tagsüber von 9 bis 20 Uhr erlaubt ist.
3. Motorboote auf dem Stadtsee sind eine große Chance für die Stadt, weil dann viele Tourist:innen kommen, vor allem zum geplanten Motorboot-Wettbewerb im Sommer.

Wenn der Stadtrat dem Vorschlag zustimmt, könnte es schon im nächsten Jahr möglich sein, den beliebten Stadtsee auch per Motorboot zu befahren.

Sehr geehrter Herr Bürgermeister Schubert,

gern möchte ich Ihren meine Meinung zu Motorbooten auf dem Stadtsee schreiben.
Zu 1: Da muss ich widersprechen. Meiner Meinung nach ...
Zu 2: Das sehe ich völlig anders ... Ich bin der Meinung, dass ...
Zu 3: Da bin ich ganz anderer Meinung ... Ich bin absolut der Überzeugung, dass ...

Mit freundlichen Grüßen
...

.... / 6 Punkte

2 🔊 13 **3 Laras Erfahrungen. Was ist richtig? Kreuzen Sie an.** HÖREN

1 Lara hat einen ☒ medizinischen ⬡ technischen ⬡ handwerklichen Beruf.
2 Sie hat in ⬡ Amerika ⬡ Australien ⬡ Afrika gearbeitet.
3 Der Aufenthalt dauerte ⬡ 1 Monat ⬡ 2 Jahre ⬡ 3 Jahre .
4 Lara hat die Menschen sehr gut kennengelernt, weil sie dort ⬡ gearbeitet hat ⬡ auch als Touristin unterwegs war ⬡ viele Sehenswürdigkeiten angeschaut hat .
5 Im Moment ist Lara ⬡ in Tansania ⬡ in Südamerika ⬡ zu Hause .
6 Am liebsten erinnert sie sich an ⬡ ihre Arbeit ⬡ die schöne Natur ⬡ ihre neuen Freunde .
7 Lara möchte ⬡ gern bald wieder ⬡ später noch einmal ⬡ nie wieder im Ausland arbeiten.

...... / 6 Punkte

4 Test: Reisen Sie nachhaltig? SPRECHEN

a Machen Sie den Test. Sie können auch mehrere Antworten ankreuzen.

www.nachhaltiger-tourismus.org

ONLINE-UMFRAGE

1 Wenn ich Urlaub habe, ...
a ⬡ fahre ich mit dem Fahrrad an den See / in die Natur in der näheren Umgebung.
b ⬡ fahre ich mehrere Stunden mit dem Auto zu Urlaubszielen im eigenen Land.
c ⬡ fliege ich an einen Ort am anderen Ende der Welt.

2 Am Urlaubsort ...
a ⬡ miete ich vor Ort ein Fahrrad und fahre damit (fast) überall hin.
b ⬡ fahre ich vor allem mit öffentlichen Verkehrsmitteln und Reisebussen.
c ⬡ miete ich ein Auto und fahre damit bequem überall hin.

3 Auf Reisen ...
a ⬡ übernachte ich auf einem Campingplatz im Zelt.
b ⬡ miete ich ein Zimmer in einer privaten Unterkunft.
c ⬡ wohne ich in einem großen internationalen Hotel. Luxus finde ich sehr wichtig.

...... / 6 Punkte

b Was haben Sie in **a** angekreuzt? Verhalten Sie sich im Urlaub wirklich immer nachhaltig? Bewerten Sie Ihre Reisegewohnheiten. Sagen Sie drei längere Sätze.

Ich habe in den Ferien meistens keine Zeit, Fahrrad zu fahren, aber auch kein Geld, ans andere Ende der Welt zu fliegen, daher mache ich in meinem eigenen Land Urlaub und fahre mit dem Auto hin.

Außerdem finde ich es schwierig, im Urlaub nur mit öffentlichen Verkehrsmitteln zu fahren, weil man dann nicht alle Ziele und Sehenswürdigkeiten am Urlaubsort erreicht, deshalb miete ich lieber ein Auto, um bequemer und sicherer reisen zu können.

Campingurlaub finde ich sehr unbequem, aber ich mag es sehr, ein Zimmer in einer privaten Unterkunft zu mieten, da ich so die Leute besser kennenlernen kann.

...... / 6 Punkte

😊 20 – 24	Punkte
😐 13 – 19	Punkte
☹ 0 – 12	Punkte

www.berufe-netz.com

CHARLOTTE WÖHRMANN

87 Kontakte

Familienberaterin

Braunschweig

Über mich: Ich habe die Schule mit dem Abitur abgeschlossen und dann ein Freiwilliges Soziales Jahr (FSJ) in einem Kindergarten gemacht. Danach habe ich Soziale Arbeit studiert und bin jetzt als Familienberaterin tätig. Da ich Englisch sehr gut spreche, führe ich auch viele Beratungen in dieser Sprache durch. Für die Arbeit mit französischsprachigen Familien frische ich gerade mein eingerostetes Französisch auf. Leider wird meine jetzige Beratungsstelle bald geschlossen. Deshalb suche ich einen neuen Job – am liebsten in einem Jugendzentrum.

1 Charlottes Berufserfahrungen

a Welche Kategorie passt? Ordnen Sie zu. Vergleichen Sie im Kurs. Manchmal sind mehrere Antworten möglich.

1 Ausbildung | 2 Berufserfahrung | 3 Fähigkeiten / Kenntnisse | 4 Fort- / Weiterbildung

- (1) Studium
- ( ) Praktikum
- ( ) Italienisch (A2)
- ( ) 10-Finger-Schreibkurs
- ( ) Textverarbeitung (sehr gut)
- ( ) Schulung für Kunsttherapie
- ( ) Berufsakademie
- ( ) Aushilfe im Supermarkt
- ( ) Tätigkeit als Kundenbetreuerin
- ( ) Bäckerlehre
- ( ) Seminar im Bereich *Datenschutz*
- ( ) Bildbearbeitung (Grundlagen)

b Welche Informationen passen zu den Kategorien in **a**? Lesen Sie Charlottes Profil und diesen Text. Markieren Sie die Informationen in unterschiedlichen Farben.

Weitere Angaben zu meiner Person:
Ich habe schon mal in einem Jugendzentrum gearbeitet, allerdings nur kurz: Nach meinem Bachelor-Abschluss habe ich dort vier Wochen ein Praktikum gemacht. Das hat mir so gut gefallen, dass ich am liebsten dort weitergearbeitet hätte. Leider war zu dieser Zeit keine feste Stelle frei. Zuerst war ich enttäuscht, aber dann habe ich ja in der Beratungsstelle in Braunschweig einen Job gefunden. Dort arbeite ich auch jetzt noch. Ich berate Familien und alleinerziehende Eltern, zum Beispiel, wenn die Kinder Probleme in der Schule oder im Kindergarten haben. Außerdem kann ich über mich noch sagen, dass ich mich mit den meisten PC-Standardprogrammen auskenne und mich gern fortbilde. Ich mache z. B. gerade eine Schulung im Bereich Sprachförderung. Das finde ich richtig spannend!

2
Was hat Charlotte bisher beruflich gemacht? Welche zusätzlichen Kenntnisse hat sie? Wo möchte sie in Zukunft gern arbeiten? Machen Sie Notizen und sprechen Sie dann zu zweit.

> Charlotte hat in einem Jugendzentrum gearbeitet. Sie hat dort ...

3 Ein Online-Lebenslauf

a Lesen Sie die Texte auf S. 66 noch einmal und ergänzen Sie Charlottes Lebenslauf.

Abschluss ~~Beratung~~ PC-Kenntnisse Praktikum Schulung Sprachen Sprachkurs Studium

BERUFSERFAHRUNG

seit 06/2022	Familienberaterin, Beratungsstelle „Treffpunkt" Braunschweig – Beratung (1) von Familien und alleinerziehenden Eltern – Unterstützung bei Problemen in der Schule / im Kindergarten – Organisation von Elternkursen und Info-Abenden
04/2022 – 05/2022	………… (2), Jugendzentrum „Sonnenkamp", Braunschweig
08/2017 – 07/2018	Freiwilliges Soziales Jahr, Städtischer Kindergarten, Salzgitter

FORT- / WEITERBILDUNG

seit 09/2022	………… (3) Französisch B1, VHS Braunschweig
seit 11/2023	………… (4) „Sprachförderung" (berufsbegleitend), Bildungszentrum Hildesheim

AUSBILDUNG

10/2018 – 03/2022	………… (5) Soziale Arbeit, FH Braunschweig Abschluss: Bachelor
06/2017	Heinrich-Heine-Gymnasium, Salzgitter ………… (6): Abitur

FÄHIGKEITEN / KENNTNISSE

………… (7):	Deutsch (Muttersprache), Englisch (B2), Französisch (B1)
………… (8):	Textverarbeitung (sehr gut), Bildbearbeitungsprogramme (gut), Tabellenkalkulation (gut)

b Lesen Sie den Lebenslauf in **a** und vergleichen Sie ihn mit den Texten auf S. 66. Was ist anders? Sprechen Sie zu zweit und kreuzen Sie an.

> Abitur (D)
> Matura (A, CH)

Der Text im Lebenslauf ist ○ länger und voller Verben ○ kürzer und die Verben fehlen .

4 Bildung, Erfahrung, Fähigkeiten

a Arbeiten Sie zu zweit. Was sind Ihre wichtigsten Stationen in Schule und Beruf? Notieren Sie. Orientieren Sie sich am Lebenslauf in **3a**. Ihre Partnerin / Ihr Partner stellt Fragen, Sie antworten.

> Wo hast du bisher Berufserfahrungen gesammelt?

> Ich habe von … bis … als … gearbeitet und …

> Und welche Fort- oder Weiterbildungen hast du bisher gemacht?

b Schreiben Sie einen Lebenslauf wie in **3a**.

1 Vorbereitung

LESEN

a Lesen Sie die Überschriften 1 – 4. Zu welchem Thema (A oder B) passen sie? Verbinden Sie.

1 ALLE SPRACHEN SOLLEN ZÄHLEN!

2 FLEISSIGE ELTERN BEIM VEREINSFEST GESUCHT!

A *Soziales Engagement*

B *Schule und Bildung*

3 Neue Studie: Sich und anderen etwas Gutes tun

4 Warum interkulturelles Lernen so wichtig ist

b Lesen Sie. Welche Wörter passen zu den Themen A und B in a? Markieren Sie. Ordnen Sie dann die Überschriften aus a zu. Zwei passen nicht.

ÜBERSCHRIFT: ______

Eltern und Schüler fordern Politiker schon lange dazu auf, die Gesetze zu ändern. Im Abitur sollen nicht mehr nur Englisch, Französisch, Spanisch oder Latein als zweite Fremdsprache erlaubt sein. Jetzt gibt es erste Reaktionen: Eine Schule in Hamburg bietet seit kurzem Abiturprüfungen auch in Türkisch, Arabisch, Farsi und Chinesisch an.

ÜBERSCHRIFT: ______

Circa 20 Prozent aller Menschen in Deutschland engagieren sich in ihrer Freizeit in einem Verein oder in einer Organisation. In einer Untersuchung soll nun gezeigt werden, warum sich dieser freiwillige Einsatz lohnt, also welche Vorteile der Einsatz für die Bürgerinnen und Bürger bringt, und wie er der gesamten Gesellschaft hilft.

2 In der Prüfung

Lesen Sie die Überschriften A–J und die Texte 1–5. Welche Überschrift passt zu welchem Text? Ordnen Sie zu. Sie können jede Überschrift nur einmal benutzen.

A Auslandsstudium wird immer beliebter

B KINDER SIND UNSERE ZUKUNFT!

C VORTRAG: SO KÖNNEN AUCH KINDER ENERGIE SPAREN

D Teuren Badespaß können nur wenige bezahlen

E Im Ausland viel Geld verdienen: So geht's

F HOHE STUDIENGEBÜHREN AN UNIVERSITÄTEN

G NEUES, SPANNENDES STUDIUM AN UNSERER HOCHSCHULE

H Kinder übernehmen Verantwortung

I Reisen, arbeiten und die Welt entdecken

J STADT IST UM EINE SEHENSWÜRDIGKEIT REICHER

TEXT 1: ....

Nach dem Abitur haben viele junge Menschen erst einmal den Wunsch, das Elternhaus zu verlassen und die Welt kennenzulernen. Sie wollen aber nicht studieren und lieber reisen. Das geht auch, wenn man nicht viel Geld hat, und zwar mit *Work and Travel*. Dabei wählt man ein interessantes Land und sucht sich dort einen Job. Damit kann man seinen Reiseaufenthalt finanzieren, reich wird man aber nicht. In der Regel bleibt man nur wenige Wochen an einem Ort, bevor man sich wieder auf den Weg macht, um einen neuen Job zu suchen.

TEXT 2: ....

Seit dem Wintersemester haben Sie die Möglichkeit, an der *HWU* Nachhaltiges Management zu studieren und sich auf Ihre Führungs- und Managementaufgaben vorzubereiten. Sie sind stets im engen Kontakt mit den Professorinnen und Professoren. Die Mindeststudiendauer beträgt sieben Semester. Weitere Informationen zu Inhalt, Zertifikat und Studiengebühren finden Sie auf der Website der *Hochschule für Wirtschaft und Umwelt*.

TEXT 3: ....

Die Bürgerinnen und Bürger haben seit Jahren dafür gekämpft: nun ist das neue Schwimmbad fertig. Durch die moderne Architektur ist es gleichzeitig eine echte Attraktion. Wie erwartet waren die Kosten am Ende viel höher als geplant. Aber die Stadt hofft, dass das Schwimmbad schon bald auch von Touristen besucht wird. Daher gibt es auch ein Café mit einem Souvenirladen. Am Wochenende ist die offizielle Eröffnung. Der Eintritt kostet in den ersten beiden Wochen für Erwachsene nur fünf Euro. Kinder zahlen nichts.

TEXT 4: ....

Internationale Erfahrung ist für jeden Lebenslauf gut. Man verbessert nicht nur seine Fremdsprachenkenntnisse, sondern lernt auch ein neues Land und eine neue Kultur kennen. Inzwischen haben die meisten Hochschulen und Universitäten Kooperationen mit Partnerorganisationen in verschiedenen Ländern und Regionen und immer mehr Studierende nutzen das Angebot. Ein Bachelor im Ausland kann aber sehr teuer werden. Deshalb sollte man sich auf alle Fälle rechtzeitig über mögliche Studiengebühren informieren, damit es keine bösen Überraschungen gibt.

TEXT 5: ....

In der ersten Ferienwoche findet vom 2. bis 6. August wieder eine Kinderkonferenz statt. Dieses Jahr geht es um das Thema „Energie sparen". Im gemeinsamen Austausch sprechen die Kinder über ihre Erfahrungen und ihre Wünsche. Danach werden konkrete Vorschläge diskutiert und Lösungen gesucht. Diese werden am Ende der Woche wie immer der Bürgermeisterin übergeben. Kinder bis 12 Jahren können sich bis zum 15. Juli direkt im Rathaus anmelden.

!

Lesen Sie zuerst die Überschriften. Überlegen Sie: Welche passen zu einem gemeinsamen Thema? So können Sie die Texte leichter zuordnen.
Ordnen Sie immer eine Überschrift zu, auch wenn Sie sich nicht ganz sicher sind. So bekommen Sie vielleicht einen Punkt. Sie sollten für diese Aufgabe nicht länger als 20 Minuten brauchen, damit Sie in der Prüfung genug Zeit für alle weiteren Aufgaben haben.

1 Vorbereitung

SCHREIBEN

a Was passt zusammen? Verbinden Sie.

1 Anrede
2 Einleitung
3 Absage
4 Begründung
5 Alternative
6 Dank
7 Abschiedsgruß

a Wir haben für heute 16 Uhr einen Termin vereinbart.
b weil der Kindergarten schon um 14 Uhr schließt.
c Vielen Dank für Ihr Verständnis.
d Sehr geehrte Damen und Herren, ...
e Mit freundlichen Grüßen
f Ich kann leider nicht kommen,
g Ich würde gern einen neuen Termin vereinbaren. Ich hätte morgen um 17 Uhr Zeit. Wäre das möglich?

> Nach der Anrede folgt ein Komma und der erste Satz beginnt klein.
> Nach dem Abschiedsgruß schreibt man aber kein Komma.

b Sagen Sie Termine höflich ab und begründen Sie.

1 (krank → nicht kommen können)
Ich kann leider nicht kommen, weil ich krank bin.

2 (eine dringende Geschäftsreise → Termin leider absagen müssen)
Wegen ……

3 (Mutter braucht Begleitung zum Arzt → leider erst ab 18 Uhr Zeit)
Meine ……

4 (eine wichtige Prüfung → voraussichtlich leider erst nächste Woche Zeit)
Wegen ……

5 (am Wochenende arbeiten müssen → Termin gern verschieben)
Es tut mir leid, aber ich würde ……

2 In der Prüfung

Sie möchten sich heute mit Ihrer Kursleiterin, Frau Rittner, über Ihre sprachlichen Fortschritte austauschen, können aber nicht zum Termin kommen. Schreiben Sie eine E-Mail an Frau Rittner (circa 40 Wörter). Entschuldigen Sie sich höflich und berichten Sie, warum Sie nicht kommen können. Schlagen Sie auch einen neuen Termin vor und fragen Sie, ob Frau Rittner einverstanden ist.

> Lesen Sie die E-Mail am Ende noch einmal und zählen Sie die Wörter. Sind es circa 40?

> Dies ist eine formelle Mail. Das heißt, Sie schreiben die Mail in der Sie-Form und brauchen eine Anrede und einen Gruß am Schluss. Sonst verlieren Sie Punkte.

> Erinnern Sie sich? Nach der Anrede folgt ein Komma und der erste Satz beginnt klein.

07 09 08

1 Vorbereitung

HÖREN

a Lesen Sie die Aufgaben und markieren Sie wichtige Informationen.

1 Yvonne ...
- [a] hat einen neuen Job gefunden.
- [b] möchte sich für einen neuen Job bewerben.

2 Sie will ...
- [a] ans Meer fahren.
- [b] eine Bergtour machen.

3 Auf der Hütte kümmert sie sich ...
- [a] um die Tiere.
- [b] um das Essen.

4 Yvonne glaubt, dass ...
- [a] ihr Italienisch ausreicht.
- [b] sie schlecht Italienisch spricht.

2 14 **b** Hören Sie. Was ist richtig? Achten Sie auf die markierten Informationen in **a** und kreuzen Sie an.

> Achten Sie genau auf die wichtigen Informationen. Die Wörter in den Aufgaben sind auch im Hörtext, aber oft in einem anderen Zusammenhang.

2 15 **2 In der Prüfung**

Sie hören ein Gespräch. Wählen Sie für die Aussagen 1 bis 7 [Richtig] oder [Falsch]. Sie hören das Gespräch nur einmal.

> Sie haben vor dem Hören 60 Sekunden Zeit. Lesen Sie deshalb zuerst die Aufgaben und markieren Sie wichtige Wörter und Satzteile.

Sie warten auf die Straßenbahn und hören, wie sich eine Frau und ein Mann in Ihrer Nähe unterhalten.

1	Oscar ist fast 200 Kilometer gewandert.	Richtig	Falsch
2	Er hatte Schwierigkeiten, Menschen kennenzulernen.	Richtig	Falsch
3	Vor der Reise hat er ausprobiert, wie viel er tragen kann.	Richtig	Falsch
4	Oscar hatte früher Spaß, mit seinen Eltern zu wandern.	Richtig	Falsch
5	Oscar ist oft über eine längere Zeit in Begleitung gelaufen.	Richtig	Falsch
6	Er hatte die ganze Zeit Angst, in der freien Natur zu übernachten.	Richtig	Falsch
7	Sina und Oscar wollen sich am Sonntag treffen.	Richtig	Falsch

> Sie haben eine Information nicht gehört oder nicht verstanden? Gehen Sie gleich zur nächsten Aufgabe, denn der Hörtext läuft ohne Pause weiter. So verpassen Sie nicht die nächste Aufgabe.

10 Wie möchte ich arbeiten?

1 Was passt? Lesen Sie die Stellenanzeige und kreuzen Sie an. W KB 3

☒ Arbeitsstelle ⬡ Berufserfahrung (1) als Abteilungsleiter /-in

Ihr Profil

Sie haben mehrjährige ⬡ Fähigkeiten ⬡ Berufserfahrung (2), arbeiten selbstständig und übernehmen gern ⬡ Feedback ⬡ Verantwortung (3). Sie können außerdem gut mit ⬡ Kritik ⬡ Komplimenten (4) umgehen.

Wir bieten:

- interessante, sinnvolle ⬡ Entscheidung ⬡ Tätigkeit (5)
- hohes ⬡ Einkommen ⬡ Geld (6) und gutes Betriebsklima
- gute ⬡ Herausforderungen ⬡ Karrierechancen (7)
- aktive ⬡ Mitbestimmung ⬡ Kündigung (8) der Mitarbeiter/innen

2 Nomen und Verben für den Beruf W KB 3

a Ergänzen Sie.

Verb	Nomen	Verb	Nomen
⬡ organisieren	die Organisation	⬡ 1 jobben	der Job
⬡ ………	die Kritik	⬡ kündigen	………
⬡ aushelfen	………	⬡ mitbestimmen	………

2 16 **b** Wovon sprechen die Freunde? Hören Sie und nummerieren Sie in a.

3 Was bedeuten die unterstrichenen Wörter? W KB 3

Finden Sie noch fünf Wörter. Streichen Sie dann im Text durch und ordnen Sie zu.

ständig|deprimiertbaldneulichjedenfallsallmählich

Ich suche schon seit drei Monaten eine Wohnung und bekomme ~~die ganze Zeit~~ ständig (1) nur Absagen. Langsam (2) verliere ich die Geduld. Ich bin total traurig (3). Ich glaube, ich finde nie eine Wohnung, auf jeden Fall (4) keine, die ich bezahlen kann.

Weißt du was: Vor ein paar Tagen (5) hat mir meine Nachbarin erzählt, dass sie schon nächste Woche (6) ausziehen will. Vielleicht wäre das was für dich?

4 Akzent bei Gradpartikeln KB 3 AUSSPRACHE

2 17 **a** Hören Sie und sprechen Sie nach. Achten Sie auf den unterstrichenen Wortakzent.

1 total 2 wahnsinnig 3 völlig 4 richtig

2 18 **b** Hören Sie und unterstreichen Sie den Satzakzent (Hauptakzent).

1 ○ Warst du vor dem Gespräch aufgeregt?
□ Ja, ich war davor total aufgeregt!

2 ○ Findest du Feedback wichtig?
□ Klar, das finde ich wahnsinnig wichtig.

3 ○ Bist du stolz auf deine Karriere?
□ Natürlich, ich bin richtig stolz darauf!

4 ○ Kam die Kündigung überraschend für dich?
□ Absolut, sie kam völlig überraschend.

c Hören Sie noch einmal und sprechen Sie nach.

5 Was passt? Ordnen Sie zu. W KB 5

Detail | Faktoren | Feedback | Inhalte | männlich | Rückmeldung | Sitzungen | ~~Sprachkurs~~ | weiblich

www.ds-lingua.de

DS Lingua – Ihre Sprachschule

Sie haben bei uns einen Sprachkurs (1) gemacht. Wir freuen uns über Ihr .... (2)! Motivation, Lernstrategien, Betreuung und viele andere .... (3) spielen für den Lernerfolg eine Rolle. Damit wir unsere Kurse verbessern können, brauchen wir Ihre .... (4).

Bitte wählen Sie:
○ .... (5) ♀
○ .... (6) ♂ ○ divers
Wie haben Ihnen die Themen und Kurs-............ (7) gefallen?
○ sehr gut ○ gut ○ weniger gut ○ gar nicht
Wie viele .... (8) hatten Sie pro Woche?
○ eine ○ drei ○ fünf
Wenn Sie noch mehr ins .... (9) gehen möchten, können Sie hier einen Kommentar schreiben.

6 Die Konjunktionen *seit*, *bis*, *bevor* und *während* G KB 5

a Sehen Sie die Bilder an und lesen Sie die Sätze. Was passt? Ordnen Sie zu.

1 
2 
3 
4 

Hauptsatz	Nebensatz		
○ Ich höre oft Musik,	**während**	ich meine Aufgaben	erledige.
(1) Ich kann länger schlafen,	**seit**	ich im Homeoffice	arbeite.
○ Es dauert nicht mal eine Sekunde,	**bis**	ich am Schreibtisch	sitze.
○ Ich mache mir immer einen Kaffee,	**bevor**	ich mit der Arbeit	anfange.

b Sehen Sie die Zeichnungen genau an. Welches Wort aus a passt? Kreuzen Sie an.

A 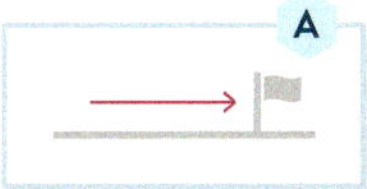
○ seit ○ bis

B 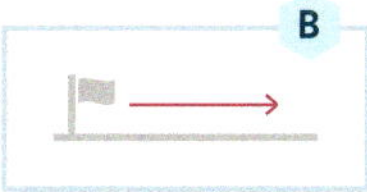
○ seit ○ bis

C 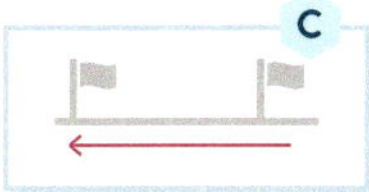
○ bevor ○ während

D 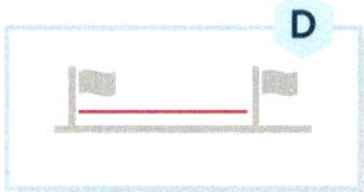
○ bevor ○ während

c Schreiben Sie die Sätze aus a anders. Beginnen Sie mit dem Nebensatz. Markieren Sie dann in a und c im Nebensatz die Verben. Wo stehen sie? Was ändert sich im Hauptsatz?

1. Seit ich im Homeoffice arbeite, kann ich länger schlafen.

7 Veränderungen in der Arbeitswelt. Ergänzen Sie *bis* oder *seit*. G KB 5

Seit (1) es Maschinen gibt, ist die Arbeit körperlich nicht mehr so anstrengend. Dann erfand Conrad Zuse 1941 den ersten Computer. Danach hat es noch ein paar Jahrzehnte gedauert, ………… (2) auf fast jedem Schreibtisch ein Computer stand. ………… (3) man auch das Internet nutzen kann, ist vieles einfacher und flexibler geworden. Aber es hat eine Weile gedauert, ………… (4) Unternehmen mobiles Arbeiten erlaubt haben. ………… (5) viele Firmen Probleme haben, Personal zu finden, dürfen immer mehr Menschen im Homeoffice arbeiten. ………… (6) Angestellte frei entscheiden können, wo und wann sie arbeiten, muss sich aber noch viel verändern.

8 Tag des Wunsches. Ergänzen Sie *bevor* oder *während*. G KB 5

In einem Jahr bin ich mit der Uni fertig. Bevor ich mein Studium abschließe, (1) möchte ich noch ein Auslandssemester machen. Alina W. (Ich schließe mein Studium ab.)

Ich möchte später mal Reisejournalistin werden. Dann kann ich durch die Welt reisen, ………… (2) Suse M. (Ich arbeite.)

Ich möchte mein Leben genießen, ………… (3) Deshalb möchte ich jetzt schon in Rente gehen. Jörg P. (Ich bin alt.)

Ich möchte unbedingt mal nach Bhutan fahren. …………, (4) muss ich noch viel Geld sparen. Justus L. (Ich kann dorthin fahren.)

Zeit für mich! ………… (5) kümmert sich mein Mann um die Kinder. Ina F. (Ich mache ein Wellness-Wochenende.)

9 Traumberuf Schauspielerin. G KB 5

Verbinden Sie die Sätze mit *bevor*, *bis*, *seit* oder *während*.

+ NOCH MEHR? Seite 102

TRAUMBERUF SCHAUSPIELERIN

Ich wollte schon früh Schauspielerin werden. Allerdings hat es mehrere Jahre gedauert, bis ich diesen Wunsch verwirklichen konnte. (1) (Es hat mehrere Jahre gedauert. Ich konnte diesen Wunsch verwirklichen.) Denn meine Eltern wollten, dass ………… (2) (Ich mache eine andere Berufsausbildung. Ich werde Schauspielerin.) Ich hatte wenig Geld. Also ………… (3) (Ich habe abends gejobbt. Ich habe studiert.) Für Schauspieler ist es schwer, Angebote von Theatern zu bekommen. Aber ………… (4) (Ich habe meine Ausbildung an einer Schauspielschule abgeschlossen. Ich bin sogar fest angestellt.) Noch heute ………… (5) (Ich bin immer noch sehr nervös. Ich spiele.) Trotzdem liebe ich meinen Beruf. Denn: ………… (6) (Ich habe diesen Beruf. Mein Leben ist aufregend.)

10 Partneraufgabe: Wann und wie lange? G KB 5

Schreiben Sie Ihrer Partnerin / Ihrem Partner eine Textnachricht mit einem Satzanfang mit *seit, bis, bevor* oder *während*. Ihre Partnerin / Ihr Partner ergänzt und schickt einen neuen Satzanfang.

(nicht) lange warten | Deutsch lernen | frühstücken | Geld verdienen | kochen | an einem Online-Meeting teilnehmen | Studium abschließen | verheiratet sein | ...

> Ich muss manchmal lange warten, bis ...

> ... du zu einer Verabredung kommst. 😉 Seit ich Deutsch lerne, ...

11 Statistiken K KB 7 — SCHREIBEN

a Sehen Sie die Statistik an und ordnen Sie zu.

an letzter Stelle steht | an zweiter Stelle steht | auf Platz 3 | die meisten nennen | finden, dass | knapp 60 Prozent | mehr als die Hälfte findet | rund die Hälfte | ~~Thema der Statistik lautet~~ | ungefähr 60 Prozent geben an

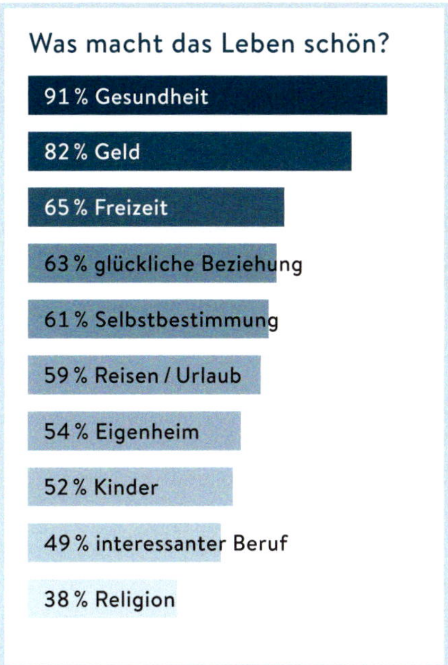

Das *Thema der Statistik lautet* (1): Was macht das Leben schön? .... (2) als erstes Gesundheit. .... (3) Geld und .... (4) Freizeit. Über 60 Prozent .... (5) eine glückliche Beziehung für ein gutes Leben wichtig ist. .... (6), dass Selbstbestimmung zu einem guten Leben gehört und .... (7) wollen auf Reisen und Urlaub nicht verzichten. .... (8) eine eigene Wohnung oder ein eigenes Haus wichtig, allerdings kann sich .... (9) ein schönes Leben ohne Kinder oder einen interessanten Beruf auch nicht vorstellen. .... (10) die Religion mit 38 Prozent.

b Partneraufgabe: Lesen Sie die Textnachricht links und beschreiben Sie eine Statistik (A oder B) wie in a. Erklären Sie genauer, was die einzelnen Inhalte bedeuten.

> Ich soll doch eine Präsentation über das Thema ... vorbereiten. Kannst du mir helfen? Danke!

> Gern! Ich habe eine super Statistik zu deinem Thema gefunden. Das Thema der Statistik lautet ... Ungefähr ... Prozent wünschen sich ... Das bedeutet, dass ... Und ... Das heißt ...

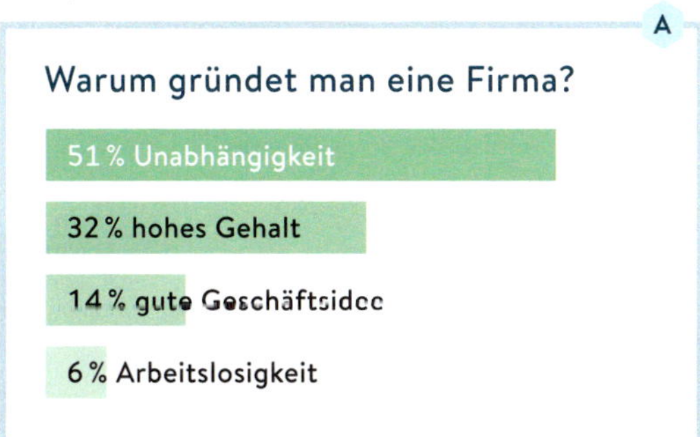

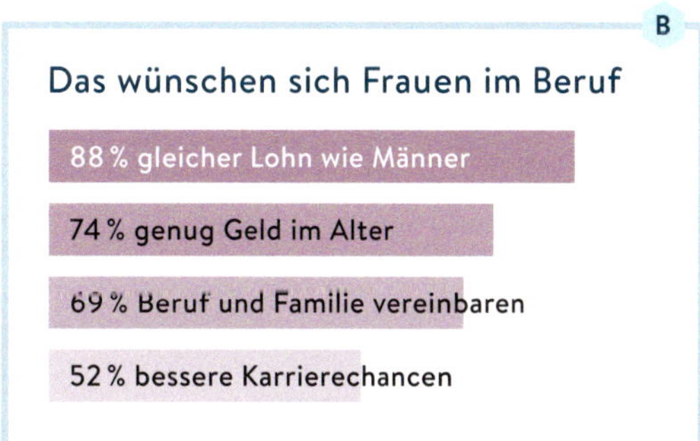

11 Dinge, die den Alltag besser machen

1 Im Yogastudio. W KB 3

a Finden Sie noch elf Adjektive.

F	X	Z	E	R	B	R	E	C	H	L	I	C	H	O	Ä	G	W	Ü	R	A	U	Ü	S
E	Ü	R	L	I	X	U	S	M	K	Q	Y	Ö	Q	Ü	B	L	P	M	R	Q	G	I	T
U	O	V	D	Ü	N	N	T	R	G	S	P	I	T	Z	Ä	A	X	K	D	B	Y	Q	A
C	C	I	P	S	T	Z	T	R	O	C	K	E	N	R	R	T	S	R	U	N	D	U	B
H	A	E	C	K	I	G	Ü	N	S	Q	Z	I	I	X	L	T	Q	K	J	X	R	A	I
T	A	X	O	P	Y	N	T	D	G	F	L	A	C	H	T	M	D	I	C	K	Ä	T	L

b Was ist in Bild B anders? Umkreisen Sie noch fünf Unterschiede und ordnen Sie aus a zu.

A

B

1 Die Wand ist nicht rau,
sie ist ....

2 Die Matte ist nicht ....,
sie ist ....

3 Das Handtuch ist nicht ....,
es ist ....

4 Der Ball ist nicht ....,
er ist ....

5 Die Pyramide ist nicht ....,
sie ist ....

6 Die Figur ist nicht ....,
sie ist ....

2 Partneraufgabe: Mein Gegenstand ist … W KB 3

Beschreiben Sie drei Gegenstände in einer Textnachricht. Ihre Partnerin / Ihr Partner rät.

Mein Gegenstand ist aus Holz. Er ist eckig und stabil. Darauf kann man essen oder Hausaufgaben machen.

Meinst du einen Tisch?

Richtig! / Falsch!

3 Kurze betonte Vokale bei Adjektiven KB 3 AUSSPRACHE

2 19 **a** Hören Sie und sprechen Sie nach.

1 dụnn	3 rụnd	5 ẹckig	7 zerbrẹchlich	9 nạss	11 ạlt
2 dịck	4 glạtt	6 spịtz	8 empfịndlich	10 trọcken	12 jụng

2 20 **b** Hören Sie und lesen Sie mit. Lesen Sie dann laut.

1 Emil, ein ạlter Hund,
bleibt auch an nạssen Tagen gesund.
Seine Füße sind immer trọcken,
denn er trägt dịcke Socken.

2 Ein rụnder Ball
sollte auf keinen Fall
so ẹckig sein
wie ein spịtzer Stein.

4 Ordnen Sie zu. W KB 5

abonnieren eignen entstehen herstellen recyceln speichern verbrauchen verschmutzen ~~verstecken~~

Wisst ihr eigentlich, wie viele Giftstoffe sich in Plastik verstecken (1) und wie viele Alltagsprodukte wir trotzdem aus Plastik .... (2)? Rund 21 Tonnen pro Jahr! Kein Wunder also, dass wir zu viel Plastikmüll produzieren und damit unsere Natur und die Weltmeere .... (3). Man kann Plastik natürlich wiederverwenden, also .... (4), aber dafür .... (5) wir viel Wasser und Strom. So .... (6) neue Probleme. Warum werfen wir Plastikflaschen also weg? Sie .... (7) sich z. B. wunderbar, um Blumen vor Vögeln zu schützen. Weitere Tipps findet ihr hier. Vergesst nicht, den Link zu .... (8) und meinen Kanal zu .... (9).

5 Worüber freuen sich viele Verbraucher? Lösen Sie das Rätsel. W KB 6

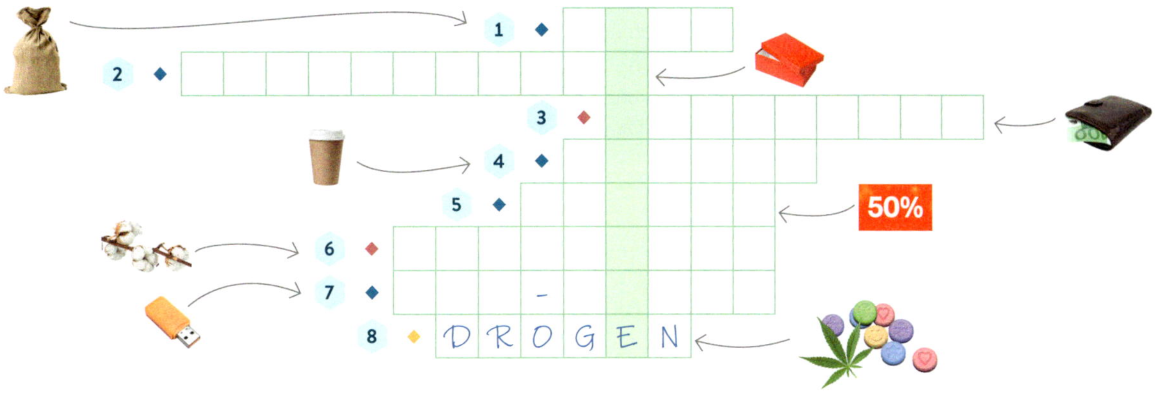

6 Relativpronomen im Akkusativ und Dativ G KB 6

Ergänzen Sie die Endungen und dann die Tabellen rechts.

1 	Das ist die Freundin,	die	ich sehr mag.
	Ich mag	sie	wirklich sehr.
	Das ist die Freundin,	de...	ich vertraue.
	Ich vertraue	ihr	besonders.
2 	Das ist der Freund,	de...	ich vermisse.
	Ich vermisse	ihn	sehr.
	Das ist der Freund,	de...	ich oft schreibe.
	Ich schreibe	ihm	wirklich oft.
3 	Das ist das Kind,	da...	ich oft besuche.
	Ich besuche	es	wirklich oft.
	Das ist das Kind,	de...	ich gern helfe.
	Ich helfe	ihm	besonders gern.
4 	Das sind Freundinnen,	di...	ich gut kenne.
	Ich kenne	sie	wirklich gut.
	Das sind Freundinnen,	den...	ich danke.
	Ich danke	ihnen	besonders.

Akkusativ
◆ ....
◆ ....
◆ die
◆ ....

Dativ
◆ ....
◆ ....
◆ ....
◆ ....

7 Kleine Helfer im Haushalt G KB 6 SPRECHEN

a Lesen Sie und ergänzen Sie das Relativpronomen im Akkusativ oder Dativ.

Suchen Sie nach praktischen Produkten, die (1) Sie im Alltag benutzen können? Unser Geheimtipp ist der *ABC-Schlüsselfinder*, ... (2) Sie ganz einfach benutzen können: Aktivieren Sie die App, ... (3) Sie vorher auf dem Handy installiert haben. Verbinden Sie nun Schlüssel und Schlüsselfinder. Ein Signal geht los, ... (4) Sie immer lauter hören, wenn Sie in die Nähe des Schlüssels kommen. 4 Sterne! ★★★★☆

Gehören Sie zu den Menschen, ... (5) Sauberkeit wichtig ist? Aber Sie haben keine Zeit oder Lust zu putzen? Wir haben die Lösung: Der *Reinofix C1* ist das Gerät, ... (6) moderne Hausfrauen und Hausmänner vertrauen. Während man unterwegs ist, macht der *Reinofix C1* die Wohnung sauber. Eine moderne Staubsauger-Wisch-Maschine, ... (7) Sie lieben werden und .... (8) wir auf jeden Fall 5 Sterne geben. ★★★★★

b Lesen Sie die Textnachricht und schicken Sie Ihrer Freundin Toja in einer Sprachnachricht eine kurze Zusammenfassung.

Ich will nicht mehr ständig nach meinen Schlüsseln suchen! Ich überlege mir gerade, den neuen Schlüsselfinder zu kaufen, verstehe aber nicht, wie er genau funktioniert. Kannst du mir helfen? Danke! Toja

[Man kann den „ABC-Schlüsselfinder" ganz einfach benutzen. Zuerst ... Wenn ...]

8 Relativpronomen mit Präposition G KB 6

a Stehen die **fetten** Relativpronomen im Akkusativ oder Dativ? Unterstreichen Sie.

1

2

3

4

b Nach welchen Präpositionen folgt Akkusativ oder Dativ? Markieren Sie in a und ergänzen Sie.

Akkusativ nach: für, ..., ...

Dativ nach: ...., ..., ...

9 Projekte für die Umwelt. Lesen Sie und ordnen Sie zu. G KB 6

das dem den ~~denen~~ der die

Verschmutzte Meere, Smog, Waldsterben … Gibt es keine Hoffnung mehr für die Erde? Doch. Zumindest, wenn man die vielen Umweltprojekte sieht, von *denen* (1) im Internet und in Zeitungen berichtet wird. Zum Beispiel gibt es ein Waldprojekt in Südamerika, bei .... (2) Jugendliche jedes Jahr 150 000 Bäume pflanzen. Ein weiteres Projekt kann man auf dem Wasser beobachten. Eine Initiative aus den Niederlanden, für .... (3) dringend noch Spenden gesucht werden, will die Weltmeere mit großen, teuren Netzen beschützen. Und in Singapur gibt es den größten vertikalen Garten auf der ganzen Welt, ohne .... (4) die Menschen dort nicht mehr leben könnten. Er ist ein Projekt, durch .... (5) die Luftqualität in der Millionenstadt immer besser wird. Welche Idee haben *Sie*, mit .... (6) man der Erde noch helfen könnte? Schreiben Sie uns.

+ NOCH MEHR?
Seite 103

10 Die VR-Brille. Lesen Sie, kreuzen Sie an und ergänzen Sie. G KB 6

Kennen Sie VR? Das ist eine Technik, ☒ für ○ durch *die* (1) sich heute viele interessieren und ○ mit ○ von .... (2) Technik-Fans viel sprechen. VR ist eigentlich ein englischer Ausdruck, ○ mit ○ von .... (3) „virtuelle Realität" gemeint ist. VR bietet ein virtuelles Erlebnis, ○ bei ○ von .... (4) vor unseren Augen eine neue, digitale Welt entsteht. Alles ist möglich. Man braucht allerdings besondere Brillen, ○ mit ○ bei .... (5) das Eintauchen in virtuelle Welten erst möglich wird und ○ durch ○ ohne .... (6) VR heute noch nicht funktioniert.

Kommen Sie vorbei und probieren Sie eine VR-Brille bei uns aus!

11 Ein Produkt, zwei Tests W K KB 7 — SCHREIBEN

a Kreuzen Sie an.

www.testberichte.net/kitchenultra

Der neue *Kitchen Ultra* ist einfach genial. Man ☒ braucht ○ speichert (1) ihn, um Gemüse klein zu schneiden oder direkt zu kochen. Im ○ Vergleich ○ Durchschnitt (2) zu anderen ähnlichen Küchengeräten ist er ○ sinnvoll ○ extrem (3) klein und leicht. Er wiegt nur 498 Gramm und ist gerade mal so groß wie ein ○ Schuhkarton ○ Kühlschrank (4). Der *Kitchen Ultra* ist ○ besonders ○ gar nicht (5) interessant für Menschen, die wenig Platz in der Küche haben.

(Deutsches TestZentrum)

Kitchen Ultra ist ein absolutes Multitalent. Das Gerät hat folgende ○ Funktionen ○ Einleitungen (6): Sie können damit Brot backen, Nudeln kochen und Gemüse genauso wie Obst schälen. Das ○ Schreckliche ○ Besondere (7) daran ist, dass es sich sogar selbst reinigt. Es ○ gehört ○ kommt (8) also zu den Geräten, die in keinem Haushalt fehlen dürfen. *(alltagstest.de)*

b Partneraufgabe: Welches Produkt benutzen Sie gern? Schreiben Sie einen Testbericht wie in a und schicken Sie Ihrer Partnerin / Ihrem Partner eine Textnachricht.

12 Das Auge isst mit.

1 Schnelle Sommergerichte zubereiten W G KB 3

a Welche Zutaten braucht man noch für diese Rezepte? Ergänzen Sie in der richtigen Form.

◆ Bohne ◆ Ei ◆ Hühnchen ◆ Joghurt ◆ Karotte ◆ Mehl ~~◆ Nudel~~ ◆ Zwiebel

Bunter Nudelsalat

200 g Nudeln (1)
500 g ______ (2)
500 g Tomaten
1 ______ (3)
500 g ______ (4)
Salz, Pfeffer, Essig

Leckere Kräuter-Quiche

250 g ______ (5)
3 ______ (6)
150 g kalte Butter
300 g ______ (7)
3 ______ (8)
100 g Sahne, 75 g Käse
Salz, Pfeffer, Kräuter

! ⚠ Lebensmittel wie *Mehl*, *Joghurt* oder *Käse* werden nur im Singular verwendet.

b Finden Sie noch neun Verben und ordnen Sie zu. Lösen Sie dann das Rätsel.

schneiden|aufwärmenhackenschälenreiben
backenbratengrillenkochenzubereiten

1 s c h n e i d e n
2 ______
3 ______
4 ______
5 ______
6 ______
7 ______
8 ______
9 ______
10 ______

H _ _ _ _ _ ist der beste _ _ _ _ !
1 2 3 4 5 6 7 8 9 10

c Leckere Kräuter-Quiche. Ergänzen Sie noch acht Verben aus **b**.

1. Aus Mehl, Butter, einem Ei und ein bisschen Salz einen Teig zubereiten (1).

2. Karotten zuerst ______ (2) und klein ______ (3), danach 5 Minuten in Salzwasser ______ (4). Dann Kräuter waschen und ______ (5). Zum Schluss Käse ______ (6).

◆ Teig

3. Hühnchenstücke in der Pfanne mit etwas Butter ______ (7). Salz und Pfeffer nicht vergessen!

4. Karottenstücke und Hühnchen mit Kräutern, zwei Eiern und Sahne in die Quiche geben und dann den Käse darauf verteilen.

5. Ca. 40 Minuten bei 200° C ______ (8)

Tipp: Man kann die Quiche am nächsten Tag kalt essen oder ______ (9)!

2 Partneraufgabe: Mit diesen Zutaten kannst du … W K KB 3 SPRECHEN

Wählen Sie vier Zutaten. Schicken Sie eine Textnachricht an Ihre Partnerin / Ihren Partner. Sie / Er schlägt in einer Sprachnachricht ein Gericht vor und erklärt das Rezept.

Ich habe Nudeln, Tomaten, Zwiebeln und Kräuter. Was kann ich denn damit kochen?

[Mit diesen Zutaten kannst du Nudeln mit Tomatensoße machen. Das ist ganz einfach! Zuerst musst du … Dann … Danach … Am Ende …]

3 Der Buchstabe *h* KB 3 AUSSPRACHE

2 21 **a** Wo hören Sie *h*? Markieren Sie und kreuzen Sie an.

roh – hacken – Herz – sehr – hungrig – ruhig – Gehirn – Mehl – Bohne

b Hören Sie noch einmal und sprechen Sie nach.

2 22 **c** Hören Sie: Wo hört man *h*, wo nicht? Lesen Sie dann laut.

> Wenn der Buchstabe *h* nach Vokalen (*a*, *e*, *i*, *o*, *u*) steht, werden diese Vokale ○ lang ○ kurz (1) und man hört und spricht ○ *h* ○ kein *h* (2).
> ⚠ Nach Vorsilben wie *be-* und *ge-* hört und spricht man *h*.

Heute machen wir unseren berühmten Hamburger. Holen Sie alle Zutaten.
Hacken Sie die Bohnen klein. Das sieht super aus. Halt! Essen Sie das Fleisch nicht roh!
Wenn Sie sehr hungrig sind, nehmen Sie sich ruhig einen Snack. Das hilft.
Am ehesten aber Nüsse. Sie sind gut für Herz und Gehirn.

4 Essen und genießen. G KB 4

Finden Sie noch fünf Verben und ergänzen Sie Nomen mit Artikel.

kochen|trinkengenießengrillenfrühstückenessen

Verb	Nomen
kochen	(das) Kochen

In einer schönen Küche macht das Kochen (1) besonders Spaß.

Die schönsten Worte der Welt: .... (2) ist fertig!

Heiße Sommertage: Wir empfehlen .... (3) von mindestens 2 Liter Wasser oder Früchtetee am Tag!

Die wichtigste Botschaft ist: .... (4) von gutem Essen macht das Leben schöner!

.... (5) mit der Familie genießen: 10 Tipps für einen guten Start in den Tag!

Der Trend geht zu Schafskäse und Gemüse: Auch Vegetarier entdecken .... (6) für sich!

5 Redewendungen K KB 5 SCHREIBEN

a Sehen Sie die Bilder an. Was passt? Ergänzen Sie.

„Sie hat Tomaten (1) auf den Augen."

„Das ist nicht das Gelbe vom .... (2)!"

„Ihr läuft das .... (3) im Mund zusammen."

„Er gibt immer seinen .... (4) dazu."

„Das .... (5) isst mit."

„Sie kocht auch nur mit .... (6)."

b Ergänzen Sie die Ausdrücke aus **a**.

Maria
Schaut mal, das ist die Geburtstagstorte für meine Schwester! Sieht toll aus, oder?

Ben
Mmmmmm! Mir läuft das Wasser im Mund zusammen (1)! Die sieht ja super aus! Vor allem die Dekoration!

Maria
Klar, das .... (2)!

Anna
Puh, aber so viel Zucker! Das ist .... (3), wenn man sich gesund ernähren möchte ...

Maria
Sei doch nicht so streng, Anna!

Anna
Zum Glück sind da wenigstens Himbeeren drauf.

Maria
Himbeeren? Hast du .... (4)? Das sind Erdbeeren!

Ben
Ärger dich nicht! Anna gibt immer ihren .... (5). Sie denkt, sie macht den besten Kuchen, aber sie kocht .... (6).

Anna
Haha! Ich achte eben auf meine Gesundheit. Bei mir gibt es heute Karotten-Muffins ohne Zucker!

Maria
Na dann: Guten Appetit!

c Partneraufgabe: Wählen Sie eine Redewendung aus **a**. Wie sagt man das in einer anderen Sprache? Schicken Sie eine Textnachricht an Ihre Partnerin / Ihren Partner und erklären Sie die Wendung.

„Das Auge isst mit", das bedeutet, dass das Essen schmecken, aber auch schön aussehen sollte. Man sagt das zum Beispiel, wenn man den Teller dekoriert.
Auf Arabisch gibt es die Redewendung „al-ayn ta'kul qabl al-fam". Übersetzt heißt das: „Das Auge isst vor dem Mund".

6 *Sodass* und *so ... dass* G KB 6

a Im Bio-Restaurant. Verbinden Sie und markieren Sie die Verben in den Nebensätzen a – d. Lesen Sie dann die Sätze und kreuzen Sie an.

1 Wir verzichten auf künstliche Zutaten, — b
2 Das Gemüse vom *Biohof Grün* ist **so** frisch,
3 Wir kochen ohne Fleisch und Milchprodukte,
4 Unsere Burger sind **so** lecker,

a **dass** Sie am besten gleich zwei bestellen.
b **sodass** unsere Gerichte 100 % natürlich sind.
c **dass** Sie es auch roh essen können.
d **sodass** sich auch vegane Gäste wohlfühlen.

Sodass und *so ... dass* verbinden ◯ zwei Hauptsätze ☒ Haupt- und Nebensatz (1). Sie beschreiben ◯ einen Grund ◯ eine Folge (2). Im Nebensatz steht das Verb am ◯ Anfang ◯ Ende (3).

b Worauf beziehen sich die **fetten** Wörter in **a**: *eine* Information oder den *gesamten* vorherigen Hauptsatz? Lesen Sie die Sätze noch einmal und unterstreichen Sie. Kreuzen Sie dann an.

Wenn der Nebensatz die Folge einer Information im Hauptsatz nennt, folgt ◯ *sodass* ◯ *so ... dass* (1). Bezieht sich der Nebensatz auf den gesamten Hauptsatz, wird ◯ *sodass* ◯ *so ... dass* (2) verwendet. Meistens kann man entscheiden, was man im Hauptsatz besonders betonen möchte.

7 Grüße aus Wien G KB 6

Verbinden Sie die Sätze 1–7 mit *sodass* oder *so ... dass*. Betonen Sie die unterstrichenen Informationen.

Hallo Haydar,
ich schicke dir viele liebe Grüße aus dem wunderschönen Wien. Leider ist heute schon Sonntag. Wir müssen morgen nach Hause fahren. (1) Na ja, zum Glück: Wir sind oft essen gegangen. Wir haben kein Geld mehr! (2) Es gibt hier viele Süßspeisen und Kuchen. Wir haben jeden Tag etwas Neues ausprobiert. (3) Unser Hotel war zentral. Wir konnten viele Sehenswürdigkeiten zu Fuß besichtigen. (4) Wir sind viel herumgelaufen. Unsere Füße tun immer noch echt weh! (5) Gestern haben wir dann E-Scooter gemietet. Wir konnten ganz bequem zum Schloss Schönbrunn fahren. (6) Die Zeit in Wien hat uns gut gefallen. Wir haben unsere nächste Wien-Reise schon gebucht. (7) Bis bald! Amy

1. Leider ist heute schon Sonntag, sodass wir morgen ...

+ NOCH MEHR? Seite 104

8 Im Kochstudio K KB 7 SCHREIBEN

2 23 **a** Was sind Maultaschen? Hören Sie und kreuzen Sie an.

- ○ Imbiss aus Kartoffeln und Ei
- ○ Brötchen mit Käse und Salat
- ○ Gericht aus Teig mit einer Füllung

b Welche Ausdrücke werden verwendet? Hören Sie noch einmal und kreuzen Sie an.

- ○ Welches Rezept hast du uns denn mitgebracht, Jakob?
- □ Wir bereiten heute *Maultaschen* zu. Das ist ein ☒ Gericht ○ Essen (1) aus Süddeutschland, das man wirklich immer essen kann: mittags, abends ... *Maultaschen* sind für mich das leckerste Essen ○ von allen ○ überhaupt (2).
- ○ Welche ○ Lebensmittel ○ Zutaten (3) braucht man denn für die Zubereitung?
- □ Zuerst machen wir einen Teig aus Mehl, Eiern und ein bisschen Salz. Dann folgt die Füllung aus Fleisch, Zwiebeln, einem Brötchen, Eiern und Kräutern. ○ Normalerweise ○ Gewöhnlich (4) werden *Maultaschen* mit Fleisch ○ zubereitet ○ hergestellt (5). Es gibt sie aber auch mit einer ○ vegetarischen ○ fleischlosen (6) Füllung.
- ○ Okay. Und wie kocht man die Maultaschen?
- □ ○ Normalerweise ○ Gewöhnlich (7) isst man sie in einer Suppe.
- ○ Das ○ weckt Erinnerungen ○ erinnert mich (8) an die *Schlutzkrapfen* in Südtirol ... ○ Ähnlich wie ○ Anders als (9) *Maultaschen* werden sie ○ gekocht ○ gebacken (10). Dann isst man sie mit brauner Butter und Parmesan ... Wenn ihr in Südtirol seid, müsst ihr sie ○ auf jeden Fall ○ unbedingt (11) mal probieren!
- □ ○ In Bayern ○ Bei uns (12) isst man die *Maultaschen* auch oft mit Butter, aber ○ ähnlich wie ○ anders als (13) die *Schlutzkrapfen* ohne Parmesan. ... Aber mit Zwiebeln.
- ○ In Polen gibt es ein ○ ähnliches ○ vergleichbares (14) Gericht: *Piroggen*. Die isst man auch oft mit Zwiebeln.

c Lesen Sie und schreiben Sie dann eine Textnachricht. Orientieren Sie sich an den Sätzen in b.

Wir suchen Ihr internationales Lieblingsgericht! Aus welchem Land kommt es? Welche Zutaten braucht man dafür? Wie wird es zubereitet? Erinnert es an eine Speise in einem anderen Land?

Ich bereite gern Tortillas zu. Das ist ein Gericht aus ... Die Zutaten sind Eier, Kartoffeln ... Gewöhnlich ... Das erinnert mich an ...

1 In der Restaurantküche

a Was kann man mit den Geräten und Gegenständen machen? Lösen Sie das Rätsel und finden Sie heraus: Was fehlt noch auf den Bratkartoffeln in der Pfanne?

1 PUTZEN
2
3
4
5
6
7
8

b Was passt nicht? Streichen Sie durch.

kochen: ~~Mehl~~ | Kartoffeln | Nudeln | Suppe
reiben: Käse | Honig | Karotte | Apfel
schälen: Zwiebel | Bohne | Joghurt | Karotte
braten: Kartoffel | Milch | Hühnchen | Fisch

2 Rätsel: Wörter rund um den Beruf

Was passt? Finden Sie noch acht Wörter und lösen Sie das Rätsel.

mitbestimmung|kündigungerfahrungenverantwortung
tätigkeitkarrieresitzungkritikeinkommen

an einer … teilnehmen
mehr … übernehmen
wichtige … sammeln
konstruktive … üben
ein gutes … haben
mehr MITBESTIMMUNG wünschen
eine interessante … ausüben
eine … bekommen
eine steile … machen

3 Dinge beschreiben

Welches Adjektiv passt zu allen drei Nomen in der Reihe? Ordnen Sie zu.

dünn eckig feucht glatt rund spitz ~~stabil~~ zerbrechlich

stabil (1): Brücke | Schrank | Haus
…… (2): Fußball | Orange | CD
…… (3): Boden | Wiese | Handtuch
…… (4): Papier | Tablet | Finger
…… (5): Haare | Eis | Stein
…… (6): Bleistift | Berg | Dach
…… (7): Ei | Spiegel | Sanduhr
…… (8): Fenster | Karton | Buch

4 Was ist das? Ergänzen Sie und ordnen Sie dann zu. G

A ⬡

B ⬡ 1

C ⬡

D ⬡

E ⬡

1 Ein sehr kleines Gerät, auf dem man Daten speichern kann.
2 Ein langes, warmes Kleidungsstück ohne ______ es im Winter kalt wäre.
3 Ein Teil des Bestecks, mit ______ man meistens Suppe isst.
4 Ein kalter, süßer Nachtisch, durch ______ man dick werden kann.
5 Eine Erfindung, von ______ Handy-Nutzer auch heute noch profitieren.

2 ◀)) 24

5 Audiotraining: *Ich habe eine tolle Tante, von der ...* G

Hören Sie und verbinden Sie die Sätze.

6 Ein Gericht erklären G K — SPRECHEN

a Lesen Sie und ergänzen Sie *bevor*, *bis*, *seit*, *sodass* oder *während*.

Was ist für dich das leckerste vegetarische Gericht überhaupt?

Jessy

Für mich ist *Gemüsepfanne mit Spätzle* das leckerste vegetarische Gericht überhaupt und gehört ______ (1) meiner Kindheit definitiv zu meinen Lieblingsessen! Man kann es eigentlich mit jedem Gemüse zubereiten, sodass (2) man es wirklich das ganze Jahr über genießen kann. Das Beste daran ist: Es ist ein leckeres Gericht und auch vegetarisch, ______ (3) es auch für Leute interessant ist, die wenig oder gar kein Fleisch essen möchten.

Zuerst macht man aus Mehl, Eiern, Salz und Wasser einen Teig. ______ (4) man die *Spätzle* in eine Pfanne gibt, kocht man sie in einem Topf. Dafür werden vom Teig ganz kleine Stücke abgeschnitten und nach und nach in sehr heißes Salzwasser gegeben. Es dauert nur wenige Minuten, ______ (5) die Spätzle fertig sind. ______ (6) sie kochen, kann man die Zeit sinnvoll nutzen und schon mal das Gemüse kleinschneiden. Danach brät man das Gemüse mit Öl in einer Pfanne, ______ (7) es weich und leicht angebraten ist. Salz und Pfeffer nicht vergessen! Gern noch Kräuter hacken und über die *Spätzle* streuen, ______ (8) man sie und die Gemüsepfanne genießt. Guten Appetit!

Wie ihr seht, kann man *Gemüsepfanne mit Spätzle* individuell und wirklich einfach zubereiten. Ihr müsst es unbedingt mal probieren!

b Ihre Freundin ist Vegetarierin. Sie ist auf der Suche nach einfachen internationalen Rezeptideen, kann aber nicht so gut kochen und versteht auch nur wenig Deutsch. Lesen Sie den Beitrag in **a** noch einmal und übersetzen Sie die wichtigsten Informationen mündlich in die Sprache Ihrer Freundin.

Gemüsepfanne mit Spätzle is a delicious vegetarian dish. It can be prepared with vegetables of your own choice. You can eat it ...

2 ◀)) 25

1 Kochen? Kein Problem! HÖREN

Hören Sie und ordnen Sie die Lebensmittel 1–8 den Zubereitungsschritten A–H zu. Einige Lebensmittel und Zubereitungsschritte passen nicht.

A	B	C	D	E	F	G	H
			3				

...... / 6 Punkte

2 Neue Studie zur Arbeitszufriedenheit LESEN

Lesen Sie und kreuzen Sie an: *richtig* oder *falsch*?

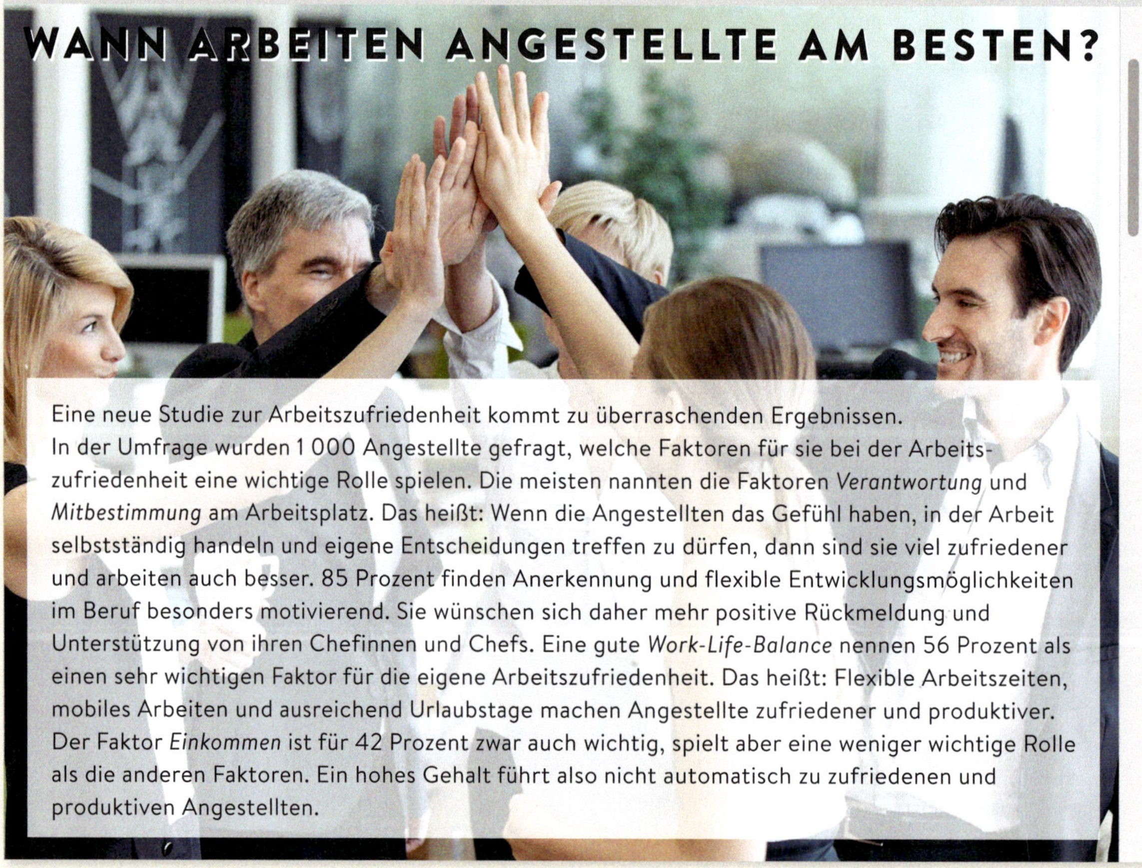

WANN ARBEITEN ANGESTELLTE AM BESTEN?

Eine neue Studie zur Arbeitszufriedenheit kommt zu überraschenden Ergebnissen. In der Umfrage wurden 1 000 Angestellte gefragt, welche Faktoren für sie bei der Arbeitszufriedenheit eine wichtige Rolle spielen. Die meisten nannten die Faktoren *Verantwortung* und *Mitbestimmung* am Arbeitsplatz. Das heißt: Wenn die Angestellten das Gefühl haben, in der Arbeit selbstständig handeln und eigene Entscheidungen treffen zu dürfen, dann sind sie viel zufriedener und arbeiten auch besser. 85 Prozent finden Anerkennung und flexible Entwicklungsmöglichkeiten im Beruf besonders motivierend. Sie wünschen sich daher mehr positive Rückmeldung und Unterstützung von ihren Chefinnen und Chefs. Eine gute *Work-Life-Balance* nennen 56 Prozent als einen sehr wichtigen Faktor für die eigene Arbeitszufriedenheit. Das heißt: Flexible Arbeitszeiten, mobiles Arbeiten und ausreichend Urlaubstage machen Angestellte zufriedener und produktiver. Der Faktor *Einkommen* ist für 42 Prozent zwar auch wichtig, spielt aber eine weniger wichtige Rolle als die anderen Faktoren. Ein hohes Gehalt führt also nicht automatisch zu zufriedenen und produktiven Angestellten.

		richtig	falsch
1	Mit den Ergebnissen der Studie hat man nicht gerechnet.	☒	○
2	Man hat die Studie mit nur wenigen Personen gemacht.	○	○
3	Angestellte sollten sagen, was sie im Job glücklich macht.	○	○
4	Angestellte mit Entscheidungsfreiheit arbeiten besser.	○	○
5	Nur sehr wenige brauchen Karrieremöglichkeiten und Feedback.	○	○
6	Knapp über die Hälfte finden Flexibilität und Freizeit wichtig.	○	○
7	Gute Bezahlung motiviert genauso wie Mitbestimmung.	○	○

...... / 6 Punkte

3 Mein Lieblingsgegenstand

SCHREIBEN

Lesen Sie und schreiben Sie zu jeder Frage im Text zwei Sätze.

www.saras-blog.de

Mein Lieblingsgegenstand

Hallo Leute! Heute stelle ich euch meinen absoluten Lieblingsgegenstand vor: meine Wärmflasche! Ich habe sie seit meiner Kindheit. Sie ist nicht besonders groß und eher rund als eckig und ist aus Naturgummi. Sie eignet sich perfekt für Tage, an denen es kalt ist. Man kann damit den Bauch und den ganzen Körper wärmen.

Die Wärmflasche ist zwar etwas rau, das Tolle daran ist aber, dass man sie in eine schöne Stofftasche stecken kann. Dann ist sie nicht so unangenehm und hart. Ich finde: Mein Lieblingsgegenstand gehört definitiv zu den Dingen, die man haben muss! Was ist dein Lieblingsgegenstand und wie sieht er aus? Welche Funktionen hat er? Warum findest du ihn so toll? Beschreib ihn doch einfach mal im Kommentar! Ich bin schon gespannt.

1 Mein Lieblingsgegenstand ist ein/e ...
2 Ich habe ihn / es / sie ...
3 Er / Es / Sie ist ... und ... und ist aus ...
4 Er / es / sie eignet sich ...
5 Man kann damit auch ...
6 Das Tolle an meinem Lieblingsgegenstand ist, dass ...

.... / 6 Punkte

4 Obst in den DACH-Ländern

SPRECHEN

Sehen Sie die Statistiken an und vergleichen Sie. Sagen Sie sechs Sätze.

Wie oft isst man in DACH-Ländern Obst und Gemüse?

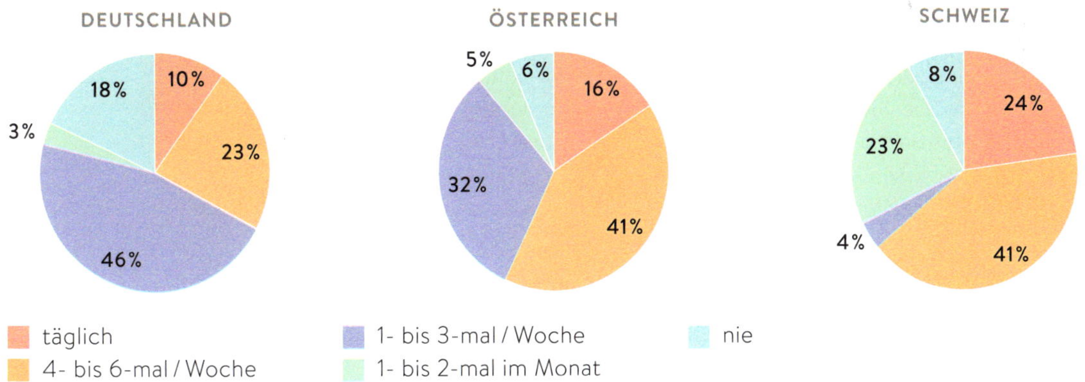

1 Im Vergleich zwischen den DACH-Ländern essen die Menschen in ... am häufigsten ..., auf Platz 2 steht ... und an letzter Stelle ....

2 Rund die Hälfte ... aber in ... nur knapp ein Viertel.

3 Ungefähr die Hälfte der ... , was in ... machen und in ... nur sehr wenige.

4 Etwa ein Viertel ..., aber in ... und in ...

5 Weitere ... , in ... aber noch knapp ...

6 Die Wenigsten essen in ... und ..., aber in ... über ...

.... / 6 Punkte

😀	20 – 24 Punkte
😐	13 – 19 Punkte
☹	0 – 12 Punkte

www.berufe-netz.com

NABIHA HASSAN 146 Kontakte

Köchin

Frankfurt am Main

Über mich: Ich bin Köchin in einem Sternerestaurant und lebe dort das Motto „Das Auge isst mit". Ein Traumjob, denken viele. Und das stimmt auch. Trotzdem möchte ich mich beruflich weiterentwickeln. Warum? Sternerestaurants sind eher für reiche Leute. Ich finde aber: ALLE sollten gesund, lecker und schön essen können und zwar jeden Tag. Und weil man damit nie früh genug beginnen kann, würde ich am liebsten Kinder für gesunde, nachhaltige Ernährung begeistern.

1 Auf Stellensuche

Wo sollte sich Nabiha bewerben? Warum? Lesen Sie ihr Profil und die Anzeigen. Unterstreichen Sie wichtige Informationen und sprechen Sie dann zu zweit.

A

Koch (m/w/d) für Sternerestaurant im Hamburger Norden

Essen und genießen: Mit Ihrer Hilfe werden asiatische Gerichte zu einem ganz besonderen Erlebnis. Sie unterstützen unseren Küchenchef mit Ihrer Kreativität und sind verantwortlich für einen perfekten Ablauf in Ihrer Schicht. >>mehr

B

Kreativer Koch (m/w/d) mit Berufserfahrung gesucht

In unserer Kita kochen Sie gemeinsam mit den Kindern und geben Ihr Wissen über gesundes Essen weiter. Die wichtigsten Zutaten: regionale Bio-Produkte, eine Portion Spaß und viel Kreativität! Unser Essen soll nicht nur lecker schmecken, sondern auch schön aussehen. Wir möchten, dass Kinder gesundes Essen lieben lernen. Sie auch? Dann werden Sie Teil unseres Teams. Wir freuen uns auf Ihre Bewerbung. >>mehr

C

Wir suchen Mitarbeiter (m/w/d) für Schulküche

Sie mögen Kinder und wünschen sich geregelte Arbeitszeiten mit freien Wochenenden? Dann sind Sie bei uns genau richtig! Ihre Aufgaben: bei der Vorbereitung der Speisen helfen und das Essen ausgeben. Erfahrung als Küchenhilfe erwünscht, eine Ausbildung ist nicht erforderlich. >>mehr

Sie sollte sich um die Stelle als ... bewerben, weil ....

Nein, ich finde, dass die Stelle als ... besser zu ihr passt, denn ....

2 Deshalb bewerbe ich mich

a Welche Frage passt zu welchem Teil im Anschreiben auf S. 89? Ordnen Sie zu.

A Was sind meine Stärken?

B Warum bewerbe ich mich?

C Warum passt die Stelle zu mir?

D Welche Berufserfahrungen habe ich?

Sehr geehrte Frau Uhl,

1 B Sie möchten Kinder für eine nachhaltige, gesunde Ernährung begeistern. Das ist auch mein Ziel. Mit meiner langjährigen einschlägigen Berufserfahrung bringe ich für diese Aufgabe die idealen Voraussetzungen mit. Deshalb bewerbe ich mich um die ausgeschriebene Stelle.

2 Nach ersten beruflichen Stationen in einer Jugendkantine, einem 5-Sterne-Hotel und einem Bio-Restaurant bin ich seit acht Jahren im Sternerestaurant „Himmel" in Frankfurt angestellt. Zu meinen Hauptaufgaben gehört das Zubereiten, Dekorieren und Anrichten von internationalen Gerichten. Ich unterstütze darüber hinaus ein Team von Sterneköchen bei der Entwicklung von kreativen Rezeptideen. Außerdem bin ich für die Ausbildung der Azubis verantwortlich.

3 Ich lege viel Wert auf eine strukturierte und sorgfältige Arbeitsweise und übernehme gern Verantwortung. Außerdem kann ich Rezepte geduldig erklären und bleibe auch in stressigen Situationen ruhig. Meine Kreativität zeichnet mich besonders aus.

4 Meine Arbeit mache ich immer noch sehr gern, aber ich möchte in Zukunft einen anderen Schwerpunkt setzen und mehr im sozialen Bereich arbeiten, am liebsten mit Kindern, denn ich finde es wichtig, dass schon die Kleinsten Spaß am Kochen und gesundem Essen entwickeln. Deshalb denke ich, dass die angebotene Stelle sehr gut zu mir passt.

Gern würde ich ein Stück Sterneküche in Ihre Kita bringen und bin schon gespannt auf Ihre Antwort. Ich freue mich, Sie persönlich kennenzulernen.

Mit freundlichen Grüßen

Nabiha Hasan

Nabiha Hasan

b Wie werden diese Informationen im Anschreiben in **a** formuliert? Unterstreichen Sie und notieren Sie. Vergleichen Sie dann mit Ihrer Partnerin / Ihrem Partner.

1 wegen meiner bisherigen Jobs … *mit meiner einschlägigen Berufserfahrung …*
2 meine wichtigsten Aufgaben sind … ____________
3 ich helfe auch … ____________
4 ich kümmere mich auch um … ____________
5 … ist mir … sehr wichtig ____________
6 … ist meine beste Eigenschaft ____________
7 … auf neue Aufgaben konzentrieren ____________

3 Mein Anschreiben

a Wo möchten Sie arbeiten? Wählen Sie eine Stellenanzeige auf den Seiten 44 und 88 oder suchen Sie im Internet. Lesen Sie die Fragen in **2a** noch einmal. Wie würden Sie antworten? Machen Sie Notizen und sprechen Sie dann mit Ihrer Partnerin / Ihrem Partner.

b Formulieren Sie ein Anschreiben wie in **2a**. Verwenden Sie Ihre Notizen. Hängen Sie dann die Anschreiben auf und lesen Sie. Sammeln Sie gute Formulierungen im Kurs.

1 Vorbereitung

LESEN

Lesen Sie den Text und die Aufgaben 1 – 6. In welchen Zeilen finden Sie die Informationen? Unterstreichen Sie und ergänzen Sie die Zeilenangabe. Welche Aussagen sind falsch? Streichen Sie durch.

Informationen zum Seminar: Suchtprobleme am Arbeitsplatz

Inhalt:

Als Unternehmen haben Sie längst nicht mehr „nur" mit Alkohol-, Medikamenten- oder Drogensucht zu tun. Inzwischen gibt es auch neue Formen wie Computer-, Kauf- oder Spielsucht. Im Seminar stellen wir die verschiedenen Krankheiten vor und zeigen Ihnen, wie Sie betroffene Mitarbeiter/innen unterstützen können.

Tagungsort / Anreise:

Die Anreise erfolgt am Montag zwischen 17 und 20 Uhr. Das Bildungszentrum liegt in der Schillerstraße 28, zu Fuß nur fünf Minuten vom Bahnhof entfernt. Falls Sie mit dem Auto anreisen, parken Sie am besten auf dem Parkplatz in der Müllerstraße. Dort kostet ein Tagesticket 10 Euro.

Unterrichtszeiten / Verpflegung:

Die Fortbildung findet von Dienstag bis Donnerstag, jeweils von 9 bis 18 Uhr, in Haus A statt. Frühstück, Mittag- und Abendessen gibt es im Speisesaal in Haus B, 1. Stock. Wir kochen ohne Fleisch. Informieren Sie uns eine Woche vor Kursbeginn, wenn Sie veganes Essen wünschen.

Unterkunft / Zimmerkarte:

Alle Zimmer befinden sich in Haus C. Bei Ankunft erhalten Sie eine Chipkarte. Die brauchen Sie, um in Ihr Zimmer zu kommen, aber auch als Schlüssel für die Häuser A und B. Bitte achten Sie darauf, dass Sie die Karte nicht direkt neben Ihr Handy legen, da sie sonst nicht mehr funktioniert.

		Zeile(n)
1	Der Kurs dauert drei Tage.	....
2	Der Unterricht beginnt immer um 10 Uhr.	....
3	In der Küche werden vegetarische Gerichte zubereitet.	....
4	Mit der Zimmerkarte kann man auch ein Parkticket lösen.	....
5	Vom Bahnhof ist man zu Fuß in wenigen Minuten im Bildungszentrum.	....
6	Man lernt, wie Angestellten mit Suchtproblemen geholfen werden kann.	5

2 In der Prüfung

Lesen Sie die Aufgaben 1 – 4 und den Text. Kreuzen Sie die richtige Lösung a, b oder c an.

1 Die Schülerinnen und Schüler ...

- a müssen am Ende der Stunde den Kühlschrank putzen.
- b dürfen auf den Herdplatten arbeiten.
- c können auf dem Smartphone Rezepte recherchieren.

2 Man darf ...

- a nur essen, was gekocht, gebraten oder gebacken ist.
- b Fleisch mehrere Tage in den Kühlschrank legen.
- c viel kochen, sodass das Essen für mehrere Tage ausreicht.

3 Wenn man den Herd benutzen möchte, ...
- a muss man frische Lebensmittel verwenden.
- b muss man sich zuerst die Hände waschen.
- c müssen Lehrpersonen dabei sein.

4 Um Unfälle zu vermeiden, soll man ...
- a die Betriebsanleitung lesen.
- b Messer nach Gebrauch abwaschen und aufräumen.
- c Pfannen und Geschirr immer sofort in die Schränke stellen.

> ! Unterstreichen oder markieren Sie wichtige Wörter in den Aufgaben. Lesen Sie dann den Text. Vorsicht: Die Lösungen stehen nicht der Reihe nach im Text, sodass Sie diese wirklich suchen müssen.

HAUSORDNUNG FÜR DIE LEHRKÜCHE

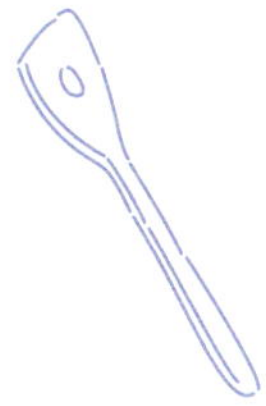

Verhalten in der Küche

Die Schultaschen und Jacken bleiben in den Unterrichtsräumen. Alle gehen respektvoll miteinander um und vermeiden Lärm. Handys bleiben ausgeschaltet. Am Ende der letzten Stunden werden alle Fenster geschlossen.

Elektrische Geräte

Elektrische Geräte wie zum Beispiel Herd, Backofen, Küchenmaschine, Mikrowelle oder Geschirrspüler dürfen nur benutzt werden, wenn Lehrerinnen oder Lehrer anwesend sind. Die Betriebsanleitungen sind im Schrank rechts neben der Eingangstür.

Arbeitsplatz und -kleidung

Alle Benutzerinnen und Benutzer der Lehrküche werden gebeten, feste Schuhe zu tragen. Lange Haare müssen zusammengebunden werden. Ringe an den Händen sind nicht erlaubt. Der Arbeitsplatz muss immer sauber sein. Töpfe, Pfannen, Geschirr und Besteck werden nach Gebrauch sofort abgewaschen oder in die Spülmaschine geräumt. Herdplatten sind KEINE Arbeitsflächen!

Sicherheit

Der Fußboden muss immer trocken sein, damit keine Unfälle passieren. Beim Umgang mit spitzen Gegenständen, wie zum Beispiel Messern, muss darauf geachtet werden, dass sich niemand verletzen kann. Messer nicht ins Spülwasser legen, sondern gleich saubermachen und zurück in die Schublade legen.

Sauberkeit

Es ist immer auf höchste Sauberkeit zu achten. Vor Beginn des Unterrichtes müssen sich alle die Hände waschen. Benutzte Hand- und Geschirrtücher gehören in die Wäsche. Speisereste haben in der Spülmaschine nichts zu suchen. Der Kühlschrank muss nach dem Unterricht täglich saubergemacht werden.

Verarbeitung und Zubereitung von Lebensmitteln

Frische Lebensmittel wie Eier und Fleisch gehören immer sofort in den Kühlschrank. Fleisch muss am gleichen Tag gekocht oder gebraten werden, rohen Kuchenteig mit Ei nicht probieren! Gekochte Speisen müssen am gleichen Tag verbraucht und dürfen nicht am nächsten Tag aufgewärmt werden.

> ! Manchmal sind schwierige Wörter im Text, die Sie vielleicht nicht verstehen. Lesen Sie einfach weiter. Sie können die Aufgabe trotzdem lösen.

1 Vorbereitung

SCHREIBEN

Welche Nachrichten A – H passen zu den Themen 1 – 4? Ordnen Sie zu.

1 ein Treffen vorschlagen B, ____
2 zu etwas gratulieren ____, ____
3 Gerichte vergleichen ____, ____
4 die Zubereitung einer Speise erklären ____, ____

A Wow, wie schön, dass es geklappt hat.
B Im August habe ich Urlaub. Dann könnte ich zu dir fahren.
C In Frankreich gibt es ein ähnliches Gericht: *crêpe*. Übersetzt heißt das *rau*.
D Man kann das Gericht statt mit Ei auch mit Apfelmus zubereiten, dann ist es vegan.
E Freut mich für dich! Das Tolle ist, dass du jetzt mehr verdienst. Das ist echt super.
F Du brauchst nur Mehl, Eier und Milch. Du musst aber aufpassen, dass die Pfanne nicht zu heiß wird.
G Ich glaube, ich weiß, was du meinst. Bei uns isst man aber auch Käse dazu.
H Ich würde mich über ein Wiedersehen sehr freuen. Hättest du nächste Woche Zeit?

2 In der Prüfung

Sie haben von Ihrer Freundin Viola eine E-Mail bekommen. Antworten Sie und schreiben Sie etwas zu allen vier Punkten unten. Sie haben 30 Minuten Zeit.

Liebe /r ____________,
wie geht es dir? Bei mir hat sich viel verändert. Du weißt ja, ich habe als Aushilfe in einem Café gejobbt. Leider habe ich nach kurzer Zeit eine Kündigung bekommen. Zuerst war ich enttäuscht, aber jetzt ist alles wieder gut. Ich bin nach Wien gezogen und arbeite als Köchin in einem coolen Restaurant mit österreichischen Spezialitäten. Hier habe ich viel mehr Verantwortung und auch ein besseres Gehalt.
Am liebsten bereite ich in der Arbeit und zu Hause *Palatschinken* zu. Kennst du die? Das sind sehr dünne Pfannkuchen. Und sie werden nicht, wie der Name sagt, mit Schinken gemacht. 😉 Als Zutaten braucht man nur Milch, Mehl, Eier und ein bisschen Salz. Alles wird in einer Schüssel zusammengemischt. Danach erhitzt man ein bisschen Öl in der Pfanne und gießt ein wenig Teig hinein. Dann werden die Palatschinken auf beiden Seiten gebacken, bis sie etwas braun sind. Normalerweise isst man Palatschinken mit Marmelade und Zucker. Das schmeckt sooooo lecker!
Gibt es eine ähnliche Speise auch in deinem Land?
Hoffentlich kannst du mich bald besuchen, dann backe ich dir Palatschinken. 🙂
Ich freu mich darauf!
Viola

Schreiben Sie:
- dass Sie sich für Viola freuen und gratulieren Sie ihr zur neuen Arbeitsstelle
- dass Sie sich gern treffen wollen
- welches ähnliche Gericht wie *Palatschinken* Sie noch kennen
- wie man dieses Gericht zubereitet

! Zum Schreiben bekommen Sie Notizpapier. Notieren Sie darauf Ihre Stichpunkte und bringen Sie diese in eine sinnvolle Reihenfolge. Die Reihenfolge können Sie selbst bestimmen.

! An wen schreiben Sie? Überlegen Sie, welche Anrede passt und ob Sie *du* oder *Sie* schreiben.

! Haben Sie am Ende noch Zeit? Prüfen Sie, ob Sie zu allen vier Punkten etwas geschrieben haben und kontrollieren Sie Ihren Text auf Fehler.

2 ◀)) 26

1 Vorbereitung

HÖREN

Markieren Sie wichtige Wörter. Hören Sie dann und kreuzen Sie an.

1 Jens spricht mit seinem Opa. Richtig Falsch
2 Er erzählt von einer Geschenkidee. Richtig Falsch
3 Für die Karten hat er nicht genug Geld. Richtig Falsch
4 Jens möchte ein Buch-Abo organisieren. Richtig Falsch

2 ◀)) 27–31

2 In der Prüfung

Sie hören fünf kurze Texte jeweils zweimal. Zu jedem Text lösen Sie zwei Aufgaben. Kreuzen Sie bei jeder Aufgabe 1–10 Richtig oder Falsch und a, b oder c an.

Text 1

1 Roberto ruft Rebecca regelmäßig an. Richtig Falsch

2 Er ...
- a entschuldigt sich, weil er neulich schlechte Laune hatte.
- b möchte gern ein Gericht mit Hähnchen kochen.
- c würde gern das *Street Food Festival* besuchen.

Text 2

3 In der Sendung geht es um die Ergebnisse einer Umfrage. Richtig Falsch

4 Im Gegensatz zu früher ...
- a haben heute mehr Frauen viel Verantwortung in ihrem Job.
- b haben Frauen heute weniger Spaß an ihrem Job.
- c sind inzwischen die meisten Frauen mit ihrem Einkommen zufrieden.

Text 3

5 Der Supermarkt macht Werbung für nachhaltige Produkte. Richtig Falsch

6 Das Besondere an dem Angebot ist, dass man ...
- a es nur heute kaufen kann.
- b damit Haare und Körper waschen kann.
- c eine weitere Seife geschenkt bekommt, wenn man eine Seife kauft.

Text 4

7 Evas Mutter möchte ein Kuchenrezept haben. Richtig Falsch

8 Karottenkuchen ...
- a backt man 100 Minuten im Ofen.
- b wird schnell schlecht.
- c macht man mit Joghurt.

Text 5

9 Die Sitzung findet eine Woche früher statt. Richtig Falsch

10 Herr Manz soll ...
- a zurückrufen.
- b die Einleitung übernehmen.
- c die Präsentation direkt an den Bürgermeister schicken.

! Vor jedem Text haben Sie 10 Sekunden Zeit, die Aufgabe zu lesen.

! Überlegen Sie bei jeder Aufgabe die folgenden Fragen: *Wer spricht?*, *Worum geht es?* und *Was soll gemacht werden?*

! Überprüfen Sie beim zweiten Hören Ihre Antwort und kreuzen Sie auf jeden Fall eine Lösung an. Es geht dann gleich mit dem nächsten Hörtext weiter.

16 → S. 8

Wandern in den Alpen. Kreuzen Sie an. G

Ich bin in München aufgewachsen. ☒ Als ○ Wenn (1) ich Kind war, haben wir Ausflüge in die Natur sehr geliebt. An den Wochenenden sind wir oft zum Wandern in die Berge gefahren. Jedes Mal ○ wenn ○ als (2) das Wetter schön war, hat meine Mutter frühmorgens die Rucksäcke gepackt. Mein Vater hat unsere Wanderschuhe aus dem Keller geholt und im Internet das Zugticket gebucht. Immer ○ als ○ wenn (3) die Sonne aufging, waren wir schon in den Bergen. ○ Als ○ Wenn (4) wir einmal in Garmisch waren, hat es angefangen zu regnen und ein schweres Gewitter zog auf. „○ Als ○ Wenn (5) das Wetter schlecht ist, ist es in den Bergen immer gefährlich", hat mein Vater gesagt. „Wir fahren jetzt am besten schnell wieder nach Hause." ○ Als ○ Wenn (6) ich das hörte, war ich sehr traurig. ○ Als ○ Wenn (7) ich heute in die Berge fahre, kontrolliere ich immer zuerst meine Wetter-App. Sicher ist sicher!

Verbinden Sie die Sätze mit *als* oder *wenn*. G

Mein Hobby sind Städtereisen.

1. Ich mache eine Städtereise. Ich besuche immer Museen und Ausstellungen
   Immer wenn ich eine Städtereise mache, besuche ich Museen und Ausstellungen.
2. Ich sehe jedes Mal alte Bilder an. Ich bin glücklich.
   ______
3. Letztes Jahr habe ich einen Ausflug nach Köln gemacht. Ich hatte aber Pech.
   ______
4. Ich kam am Montagnachmittag beim Museum an. Es war geschlossen.
   ______
5. Ich mache eine Städtereise. Ich kontrolliere jedes Mal vorher die Öffnungszeiten.
   ______

______ *Da gibt es keine Überraschungen mehr!*

2 9 → S. 13

★ Schreiben Sie die Sätze richtig. G

Julia
@Julia246

Ich bin mit Lara befreundet, weil ich ihr vertrauen kann (kann | ihr | ich | vertrauen) (1). Sie versteht mich, darum ______ (meine beste Freundin | ist | sie) (2). Sie hat immer gute Laune, daher ______ (zusammen | gern | mit ihr | bin | ich) (3). #meinebestenFreunde

Dzifa
@DzifaGirl

Anton hat mir schon oft geholfen, deshalb ______ (mag | ihn | ich) (4). Wir haben ähnliche Interessen, deswegen ______ (so gut | uns | verstehen | wir). Nächstes Jahr wollen wir zusammen eine Alpenüberquerung machen, weil ______ (gern | wandern | wir beide) (5). #meinebestenFreunde

★★ Schreiben Sie die Sätze 1 – 6 mit den Wörtern in Klammern neu. G

ENTSCHULDIGUNGEN VON FREUNDEN

Kennst du das? Du brauchst Hilfe oder möchtest mit deinem Freund oder deiner Freundin etwas unternehmen, hörst aber nur Entschuldigungen wie diese:

1 Ich kann dir nicht beim Umzug helfen. Ich habe Rückenschmerzen. (weil)
2 Ich mache gerade eine Diät. Ich kann nicht mit dir essen gehen. (daher)
3 Ich kann nicht mit dir ins Kino gehen. Ich bin bei meiner Oma zum Geburtstag eingeladen. (denn)
4 Ich muss noch eine Präsentation vorbereiten.Ich kann nicht mit dir in die Kneipe gehen. (darum)
5 Ich bleibe heute lieber zu Hause. Ich fühle mich nicht gut. (weil)
6 Ich habe diese Woche schon zu viel Geld ausgegeben. Ich kann nicht mehr ausgehen. (deswegen)

Aber eigentlich würdest du viel lieber nur die Wahrheit hören:
Tut mir wir wirklich leid, aber heute habe ich keine Lust. Nächstes Mal gern wieder.

1 Ich kann dir nicht beim Umzug helfen, weil ich Rückenschmerzen habe.
2 ______
3 ______
4 ______
5 ______
6 ______

3 7 → S. 16

★ **Was passt? Lesen Sie die Forumsbeiträge und kreuzen Sie an.** G

MisterX Am Anfang war ich in der Arbeit sehr unsicher. Aber die ○ ältere ☒ älteren (1) Kolleginnen und Kollegen waren immer sehr hilfsbereit. Inzwischen fühle ich mich sicherer. Denn ich habe einen sehr wichtigen Kunden gewonnen. Das war bisher das ○ größte ○ größtes (2) Erfolgserlebnis in meiner Firma. Wie ist es bei euch? Seid ihr zufrieden mit eurem Job?

Luna8 Die Arbeit ist okay. Aber ich wünsche mir einen ○ netteren ○ netterer (3) Chef, ein ○ höhere ○ höheres (4) Gehalt und ○ kürzere ○ kürzeren (5) Arbeitszeiten.

Sunny Ich arbeite mit den ○ liebste ○ liebsten (6) Kollegen, die man sich wünschen kann, und mein Chef ist auch super. Ich bin also total zufrieden. 🙂

Ronny Ein guter Chef ist wichtig, ganz klar. Aber der ○ netteste ○ nettester (7) Chef hilft nicht, wenn die Bezahlung nicht stimmt.

Jona34 Ich bin Influencer und habe den ○ schönsten ○ schönster (8) Job, den man haben kann. Ich finde, Selbstständigkeit ist die ○ beste ○ besten (9) Sache der Welt!

Micky Ich bin zusammen mit zehn anderen Kolleginnen und Kollegen in einem Büro. Ich würde gern in einem ○ kleineren ○ kleineres (10) Büro arbeiten. Denn in ○ kleinere ○ kleineren (11) Büros ist es leiser. Ein ○ ruhigere ○ ruhigerer (12) Arbeitsplatz wäre wirklich toll.

★★ **Ein Fahrlehrer erzählt von seinem Beruf.** G

Ergänzen Sie Komparativ (++) und Superlativ (+++) in der richtigen Form.

HIER ERZÄHLEN MENSCHEN VON DEN schönsten (SCHÖN +++) (1) MOMENTEN IM BERUF. HEUTE: DER FAHRLEHRER

Mögen Sie Ihren Beruf?
Ja, sehr. Eigentlich kann ich mir keinen ______ (interessant ++) (2) Beruf vorstellen.

Was war das ______ (groß +++) (3) Erfolgserlebnis, das Sie in Ihrem Beruf hatten?
Besonders gut kann ich mich an einen ______ (alt ++) (4) Fahrschüler erinnern, der nach nur 13 Fahrstunden die Prüfung bestanden hat. Im Durchschnitt braucht man 30 Stunden. Mein ______ (groß +++) (5) Erfolgserlebnis hatte ich aber, als ein anderer ______ (alt++) (6) Herr nach 200 Stunden endlich den Führerschein bekommen hat. Männer fahren übrigens nicht besser als Frauen. Sie haben aber oft ein ______ (stark ++) (7) Selbstvertrauen.

Was ist Ihre ______ (groß +++) (8) Stärke?
Geduld. Allerdings können auch die ______ (geduldig +++) (9) Menschen mal ungeduldig werden.

Wie viel verdienen Sie eigentlich?
Es gibt sicher Leute mit einem ______ (gut ++) (10) Gehalt. Mit ______ (hoch ++) (11) Preisen und einer ______ (hoch ++) (12) Schülerzahl könnte ich mehr verdienen.

Würden Sie Ihren Beruf weiterempfehlen?
Ja, auf jeden Fall. Jetzt ist die ______ (gut +++) (13) Zeit für einen Einstieg in diesen Beruf. Denn viele ______ (alt ++) (14) Kolleginnen und Kollegen gehen bald in Rente.

4 6 → S. 29

★ Endlich fit! Ergänzen Sie die Verben in der richtigen Form. G

Jetzt im Handel: Mit dem MultiFit 5000 machen Sie Ihr Zuhause zum Fitnessstudio. Laden Sie am besten ein paar Freunde ein, um das Gerät aufzubauen (1) (auf|bauen). Zusammen geht es super einfach! Lesen Sie die Anleitung genau, um das Gerät richtig .... (2) (ein|stellen). Geschafft? Dann kann es losgehen! Im Internet können Sie Videos ansehen, um alle Übungen richtig .... (3) (machen). Nutzen Sie auch die kostenlosen Gewichte für Ihre Arme und Beine, um sich noch ein bisschen mehr .... (4) (anstrengen / müssen). Außerdem hat das Gerät einen praktischen Getränkehalter, damit Sie jederzeit bequem etwas .... (5) (trinken / können).

★★ Familie Diaz will mehr für Umwelt und Gesundheit tun. G

Schreiben Sie die Sätze mit *um ... zu* neu.

1 Familie Diaz will ab sofort vor allem Fahrrad und Lastenrad nutzen, damit sie Geld spart.
2 Vater und Mutter fahren kein Auto mehr, damit sie die Umwelt schützen.
3 Die Kinder fahren mit dem Fahrrad in die Schule, damit sie nicht mehr mit dem Bus fahren müssen.
4 Am Wochenende fahren die Eltern abwechselnd mit dem Lastenrad zum Markt, damit sie umweltfreundlich einkaufen.

1. Familie Diaz will ab sofort vor allem Fahrrad und Lastenrad nutzen, um ...

5 1 → S. 32

★ Nach der Schule. Ergänzen Sie die Verben in der richtigen Form. G

Anwort: Studieren oder soziales Projekt?

Hallo Fabio,

entschuldige bitte, dass ich jetzt erst antworte, aber die Uni ist echt stressig. Ich wäre (sein) (1) gern genauso organisiert wie du. Wie schaffe ich es, dass ich nicht immer erst in letzter Minute fertig werde? Was .... (würden) (2) du mir da empfehlen?
Jetzt zu deiner E-Mail: Du willst ja nach der Schule entweder studieren oder bei einem sozialen Projekt mitmachen. Ich finde beides gut. Du .... (können) (3) bei ein paar Universitäten anrufen und dich über dein Wunschstudium informieren. Die Tipps der Studienberatung .... (sollen) (4) du auf jeden Fall berücksichtigen. Das soziale Projekt *Wir machen die Alpen sauber* klingt aber auch spannend und .... (sein) (5) sicherlich was für dich. Da .... (würden) (6) ich am liebsten gleich selbst mitmachen.
Keine leichte Entscheidung. Wir können ja mal telefonieren.

Viele Grüße! Emilia

★★ Äußern Sie Wünsche oder schreiben Sie Rat- oder Vorschläge. G

1 Mein Englisch ist schlecht.
Wunsch: Englisch lernen
Ich würde gern Englisch lernen.

2 Carlos' Fahrrad ist kaputt.
Vorschlag: kann neues Fahrrad kaufen
Er

3 Wir wollen schnell Geld verdienen.
Bitte um Rat: Empfehlung

4 Herr Rahman hat kein Geld.
Wunsch: reich sein

5 Shikebas Augen tun weh.
Rat: soll weniger fernsehen

6 Ich habe den Führerschein, aber kein Auto.
Wunsch: Auto haben

5 | 10 → S. 35

★ Oft fange ich an zu träumen. Schreiben Sie die Sätze anders. G

1 Ich wäre glücklicher, wenn ich freiberuflich arbeiten könnte.
2 Ich müsste nicht so früh aufstehen, wenn ich meine eigene Chefin wäre.
3 Ich hätte mehr Freizeit, wenn ich meine Zeit selbst einteilen könnte.
4 Das Leben wäre richtig schön, wenn ich Freiberuflerin wäre.

1 Wenn ich freiberuflich arbeiten könnte, wäre ich glücklicher.

★★ Vorsätze für den Deutschkurs. Schreiben Sie Sätze. G

1 mehr Zeit → Hausaufgaben immer machen
2 Hausaufgaben immer machen → weniger Probleme im Deutschkurs
3 weniger Probleme im Deutschkurs → mehr Lust auf Deutsch
4 mehr Lust auf Deutsch → fleißiger
5 fleißiger → neue Wörter regelmäßiger wiederholen
6 neue Wörter regelmäßiger wiederholen → bessere Noten

1. Wenn ich mehr Zeit hätte, würde ich immer meine Hausaufgaben machen.
2. ...

6 | 3 → S. 37

★ Was passt? Kreuzen Sie an. G

		obwohl	trotzdem	
1	Gisela ist 90 Jahre alt,	○	⊠	nimmt sie an einem Marathon teil.
2	Norbert macht den Führerschein,	○	○	er schon 88 Jahre alt ist.
3	Peter ist schon in Rente,	○	○	geht er jeden Tag ins Büro.
4	Bo kennt sich mit Computern aus,	○	○	er erst sieben Jahre alt ist.
5	Linus hat einen Bachelor,	○	○	er erst 16 Jahre alt ist.
6	Influencerin Jule ist erst 15,	○	○	verdient sie schon sehr viel Geld.

★★ Mein Beruf. Ergänzen Sie die Sätze. G

www.tipps-für-nachhaltigkeit.de/aboutme

Follow Me

Als Influencerin gebe ich in den sozialen Medien Tipps zum Thema *Nachhaltigkeit* und mache Werbung. Am Anfang habe ich nur wenig verdient, trotzdem habe ich weitergemacht. (1) (Ich habe weitergemacht.) Inzwischen verdiene ich sehr gut, obwohl …… . (2) (Ich habe noch nicht so viele Follower.) Ich lehne Aufträge von Firmen ab, die nicht nachhaltig produzieren, obwohl …… . (3) (Ich lebe von der Werbung.) Meine Auftraggeber haben viele Wünsche, trotzdem …… . (4) (Ich kann meine Ideen oft umsetzen.) Meine Arbeit macht mir Spaß, obwohl …… . (5) (Ich arbeite 60 Stunden pro Woche.) Meine Follower sind für mich sehr wichtig, trotzdem …… . (6) (Ich mache nachts mein Smartphone aus.) Denn: Ich brauche ab und zu eine Pause von den Sozialen Medien.

7 **11** → S. 53

★ Entspannung pur! Lesen Sie und ergänzen Sie die Endungen. G

Sie suchen absolut e (1) Ruhe in schön…… (2) Umgebung? Ob gestresst…… (3) Manager*innen, müd…… (4) Eltern oder erschöpft…… (5) Schichtarbeiter*innen: Bei uns finden alle wohlverdient…… (6) Ruhe. Mit gesund…… (7) Ernährung und lang…… (8) Spaziergängen können Sie sich nach stressig…… (9) Wochen erholen. Durch leis…… (10) Musik und entspannend…… (11) Yoga kommen Sie wieder zu Kräften. Motiviert…… (12) Personal kümmert sich intensiv um Sie und schenkt Ihnen voll…… (13) Aufmerksamkeit.

★★ Alles muss raus! G

Welche Wörter passen zu den Sätzen 1–6? Ordnen Sie zuerst passende Nomen in der richtigen Form zu, dann passende Adjektive. Mehrere Lösungen sind möglich.

Einbauküche, Garderobe, Schrank, Teppich, Kaffeemaschine, Sofa

bequem, gebraucht, groß, praktisch, modern, weich

1 Bequemes Sofa sucht neues Zuhause!
2 Verkaufe …… …… für das Schlafzimmer.
3 Trenne mich von …… …… . Passt in jede Küche!
4 Wer braucht …… …… ? Hatte ihn im Flur.
5 Endlich genug Platz für Jacken, Handschuhe und Mützen! Zwei …… …… suchen neue*n Besitzer*in.
6 Ab sofort können Sie wieder selber kochen und müssen nicht mehr im Restaurant essen. …… …… für günstigen Preis abzugeben.

8 5 → S. 56

★ Soziales Engagement. G

Ordnen Sie zu und ergänzen Sie zu an der richtigen Stelle.

engagieren | finden | spazieren gehen | ~~trainieren~~ | verteilen | vor|lesen

Sie möchten sich engagieren, wissen aber nicht wo?

Es gibt viele Möglichkeiten:
Macht es Ihnen Spaß, Jugendliche im Sportverein zu trainieren (1)? Haben Sie einmal pro Woche Zeit, Kindern in der Grundschule .... (2)? Können Sie sich vorstellen, Lebensmittelspenden an Menschen mit wenig Geld .... (3)? Oder haben Sie Lust, mit Hunden aus dem Tierheim .... (4)?

Auf der *Freiwilligen-Messe* ist es nicht schwierig, eine passende Aufgabe .... (5). Es macht auf jeden Fall glücklich, sich für eine gute Sache .... (6)!

Kommen Sie zur *Freiwilligen-Messe*! Am 15. Dezember im *Messezentrum*.

★★ Fragen zum Projekt G

Schreiben Sie die unterstrichenen Sätze 1 – 6 mit *zu* neu.

Betreff: Fragen zum Projekt

Liebe Kolleginnen und Kollegen,
ihr habt leider meine E-Mail mit den Fragen zu unserem neuen Projekt nicht beantwortet. Das habt ihr leider vergessen. (1) Ich weiß, dass ihr im Moment sehr viel Arbeit habt. Ich bitte euch trotzdem, dass ihr mir bald zurückschreibt. (2) Ich brauche die Informationen für die Präsentation dringend. Der Chef hat mich schon aufgefordert, dass ich ihm die Präsentation schicke. (3) Aber mir fehlen noch so viele Informationen. Deshalb habe ich noch nicht mit der Vorbereitung der Präsentation angefangen. (4)
Vielleicht habt ihr ja sogar Zeit, dass ihr mir dabei helft? (5) Das wäre natürlich noch besser, auch wenn es natürlich nicht eure Aufgabe ist, dass ihr mich unterstützt. (6)

Viele Grüße
Kathrin

1 leider habt ihr vergessen, meine E-Mail mit den Fragen zu unserem neuen Projekt zu beantworten.

2 ....

3 ....

4 ....

5 ....

6 ....

9 5 → S. 60

★ Jules Reisetagebuch G

Kreuzen Sie an und ergänzen Sie in der richtigen Form.

3. Mai Wir haben heute einen Kochkurs gemacht. Es hat viel Spaß gemacht, vor allem ☒ wegen ○ trotz (1) der lustigen Gruppe (Gruppe) (2) und des netten .... (Koch) (3). ○ Wegen ○ Trotz (4) der vielen .... (Vegetarier) (5) haben wir ohne Fleisch gekocht. ○ Wegen ○ Trotz (6) des kalten .... (Wetter) (7) haben wir dann auf der Terrasse gegessen. ○ Wegen ○ Trotz (8) der guten .... (Stimmung) (9) sind alle bis 22 Uhr geblieben. ○ Wegen ○ Trotz (10) des .... (Regen) (11) sind wir zu Fuß zum Campingplatz zurückgegangen. Brr, war das kalt! Zum Glück haben wir ○ wegen ○ trotz (12) der .... (Dunkelheit) (13) gleich unser Zelt gefunden.

4. Mai Endlich: Die Sonne scheint! ☀️ 😎 Heute Vormittag haben wir uns gleich zum Surfen angemeldet. Puh, das ist gar nicht so leicht! ○ Wegen ○ Trotz (14) der vielen .... (Anfänger) (15) hatte die Lehrerin viel zu tun. ○ Wegen ○ Trotz (16) ihrer .... (Hilfe) (17) bin ich ständig ins Wasser gefallen. Aber ○ wegen ○ trotz (18) des eiskalten .... (Wasser) (19) war das nicht so schlimm und wir haben viel gelacht. ○ Wegen ○ Trotz (20) des intensiven .... (Training) (21) haben wir jetzt Hunger und wollen gleich mit unseren Zeltnachbarn grillen.

★★ Die Auer Dult in München G

Ergänzen Sie die Sätze mit *trotz* oder *wegen*.

Die Auer Dult

Auer Dult, München, 01.05.2007

In München gibt es neben dem Oktoberfest die Auer Dult, und das sogar dreimal im Jahr. Die erste Dult gab es im Jahr 1310. Auch wegen der langen Tradition (die lange Tradition) (1) gehört die Dult zu den beliebtesten Veranstaltungen in der bayerischen Hauptstadt. Die Dult ist eine Mischung aus Volksfest und Markt und findet mitten in Au-Haidhausen statt, einem Stadtteil, der .... (die zentrale Lage) (2) immer noch sehr ruhig und traditionell ist. Das macht die Dult für viele Menschen so interessant. .... (eine schwierige Parkplatzsituation) (3) versuchen leider viele Leute mit dem Auto zu kommen. Dabei fährt die Straßenbahn .... (die vielen Besucher) (4) in dieser Zeit besonders häufig. Sehr angenehm ist, dass die Dult .... (die hohe Besucherzahl) (5) immer noch gemütlich ist. Es gibt leckeres Essen und natürlich bayerisches Bier. Viele Besucher kommen aber auch .... (die lustigen Dinge) (6), die man an den Ständen kaufen kann: z. B. alte Bilder, Lampen oder alte Kuchenformen. Für Familien mit Kindern lohnt sich ein Besuch am Familientag .... (ein buntes Programm) (7) und .... (niedrige Preise) (8) besonders. Die Kinder lieben die Dult .... (die schönen Karussells) (9) und .... (die leckeren Süßigkeiten) (10).

10 9 → S. 74

★ Erfahrungen beim Deutschlernen: Was passt? Kreuzen Sie an. G

Deutschlern-Forum: Welche Erfahrungen habt ihr beim Deutschlernen gemacht?

Lina: Ich mache meine Hausaufgaben ganz früh am Morgen, ☒ bevor ○ seit (1) ich in den Kurs gehe. ○ Bis ○ Während (2) ich lerne, muss es ganz leise sein, sonst kann ich mich nicht konzentrieren.

Toto: Echt cool: Ich verstehe die Grammatik viel besser, ○ bis ○ seit (3) ich bei Frau Zwick im Deutschkurs bin.

Monica: Ich finde es schwer, mich auf die Grammatik zu konzentrieren, ○ bevor ○ während (4) ich spreche.

Sami: Ein Tipp: Ihr müsst neue Wörter so oft wiederholen, ○ bis ○ seit (5) ihr sie wirklich könnt. Und ich habe mal gelesen, dass man alle 90 Minuten eine kurze Pause braucht, ○ bevor ○ während (6) das Gehirn wieder für neue Informationen bereit ist. Ich mache wirklich große Fortschritte, ○ bis ○ seit (7) ich darauf achte.

★★ Schreiben Sie Sätze mit *bevor, bis, seit* oder *während*. G

Workation: Leben und arbeiten auf 6 Quadratmeter im Campingbus

Seit Arbeitszeiten und -orte flexibler geworden sind (Arbeitszeiten und -orte | flexibler geworden) (1), können viele Angestellte auch auf Reisen arbeiten. Für viele sieht ein perfekter Arbeitstag dann so aus: Man wacht in einem Campingbus an einem schönen Ort auf. Nach dem Frühstück telefoniert man mit Kundinnen und Kunden, ______________________________ (man | genießen | die schöne Aussicht am Strand) (2). Nach Feierabend kann man dann zu einem neuen spannenden Ort fahren. Denn: ______________________________ (immer beliebter werden | diese Arbeitsform) (3), bieten Firmen Campingbusse mit passender Büroausrüstung an. Was will man mehr? Es ist aber nicht so einfach, diesen Traum zu verwirklichen. Zum einen muss man sich auf ein solches *Workation*-Leben, also die Mischung aus Arbeit (*work*) und Urlaub (*vacation*), gut vorbereiten. Zum anderen braucht man die Zustimmung des Arbeitgebers, ______________________________ (man | fahren | ins Ausland) (4). ______________________________ (man | alle Unterlagen haben) (5), können einige Monate vergehen. Ein weiterer Nachteil ist: Für Kundinnen und Kunden muss man immer erreichbar sein, ______________________________ (man | unterwegs sein) (6). Man kann also nur Orte mit gutem Mobilfunknetz aussuchen. Und: Manchmal muss man etwas länger suchen, ______________________________ (man | finden | einen passenden Platz für den Campingbus) (7). Das bedeutet also: ______________________________ (man | aufgeben | die eigene Wohnung) (8), sollte man auf jeden Fall ausprobieren, ob einem diese Arbeitsform wirklich gefällt.

11 9 → S. 79

★ Influencerin Gina führt durch ihre Wohnung G

Was sagt sie? Kreuzen Sie an.

Das ist ein Souvenir, für ☒ das ○ dem (1) ich mal echt viel Geld ausgegeben habe.

Das ist der Laptop, ohne ○ den ○ dem (2) ich nicht arbeiten könnte.

Das ist die Kamera, mit ○ die ○ der (3) ich immer meine Videos mache.

Das sind die Kosmetik-Produkte, von ○ die ○ denen (4) ich in meinen Videos ständig erzähle.

★★ Mit dem Rucksack durch Asien G

Ergänzen Sie die Sätze mit passenden Relativpronomen und den Verben in der richtigen Form.

1 Das ist das Zelt, mit dem ich letztes Jahr durch Asien gereist bin. (letztes Jahr | gereist sein | ich | durch Asien)

2 Und hier sieht man den gebrauchten Rucksack, ohne ....

(unterwegs sein | ich | nie)

3 Ich habe an wunderschönen Stränden geschlafen, von ....

....

(oft | träumen | heute noch | ich)

4 Am tollsten fand ich die Märkte, durch ....

....

(stundenlang | spaziert sein | ich)

5 Es war ein unvergesslicher Urlaub, bei ....

....

(haben | ich | viel erlebt)

12 7 → S. 83

★ Fridolin kocht! G

Ergänzen Sie mit *sodass* oder *so ... dass*.

- ○ Was kochst du denn da, Fridolin?
- □ Spaghetti ... Aber sie kochen schon eine Stunde, sodass (1) man sie nicht mehr essen kann. (sie kochen schon eine Stunde)
- ○ Was kochen wir dann?
- □ Wir haben nicht mehr .... (2) wir Pfannkuchen machen können. (viele Eier)
- ○ Tomatensuppe?
- □ Na ja, die Tomaten sind schon .... (3) man sie eigentlich nicht mehr essen kann. (alt)
- ○ Bratkartoffeln?
- □ Oh, nein! .... (4) sie jetzt schwarz sind. (ich habe sie auf dem Herd vergessen)
- ○ Milchreis?
- □ Ja! ... Oje! Der Herd war .... (5) die Milch übergekocht ist! (heiß)
- ○ Was?! Ich kann nicht mehr! Ich bin jetzt .... (6) ich echt schlechte Laune bekomme! (hungrig)
- □ Ganz ruhig! Ich habe eine Idee ...

★★ Das beste Brot der Welt! G

Schreiben Sie Sätze mit *sodass* oder *so ... dass*. Manchmal gibt es mehrere Möglichkeiten.

www.brotrezepte-food-blog.de

Back dein Brot

„Der Mensch lebt nicht vom Brot allein."– Das ist ein altes deutsches Sprichwort, aber mein Glücksbrot ist (lecker | man möchte nichts anderes essen) (1).

Glücksbrot? Richtig! Ich erkläre euch gleich, was hinter diesem Namen steckt:

- Das Backen (macht viel Spaß | man singt und tanzt dabei) (2)
- Man hat die Zutaten eigentlich immer (im Haus | man kann das Brot ganz spontan backen) (3)
- Das Rezept ist (einfach | auch Anfänger können das Brot backen) (4)
- Es riecht (gut | man bekommt sofort gute Laune) (5)
- Man muss es nur (45 Minuten backen | man kann es schon bald essen) (6)
- Es ist (groß | man kann den Nachbarn die Hälfte schenken) (7)

1. ... so lecker, dass man nichts anderes essen möchte.

(Sg.) / (Pl.) = Diese Wörter kommen so nur im Singular / Plural vor.
ugs. = umgangssprachlich
Ⓐ = österreichische Varianten
(CH) = Schweizer Varianten
Ⓓ = deutsche Varianten
Der Wortschatz zu „Fokus Beruf" ist fakultativ. Er gehört nicht zum regulären Lernwortschatz.

01 Das weiß ich noch genau!

1b	erkennen	○ Wie reagieren Sie, wenn Sie jemanden in einem Online-Kurs ~?
	lächeln (⚠ ich lächle)	
	winken (⚠ er / es / sie hat gewunken) 	
	(un)bekannt	○ Wie reagiert ihr, wenn ihr eine un~e Person trefft?
	grüßen (⚠ du grüßt)	□ Ich ~ die Person freundlich und beginne ein Gespräch.
	als ob (CH) wie wenn	○ Ich tue so, ~ ~ wir uns kennen.
	begrüßen (⚠ du begrüßt)	□ Guten Tag, Frau Gomez, ich ~ Sie ganz herzlich in unserem Unternehmen.
	vor|stellen (sich)	○ Danke! Darf ich mich kurz ~, mein Name ist Silvia Gomez.

3 Lebensphasen

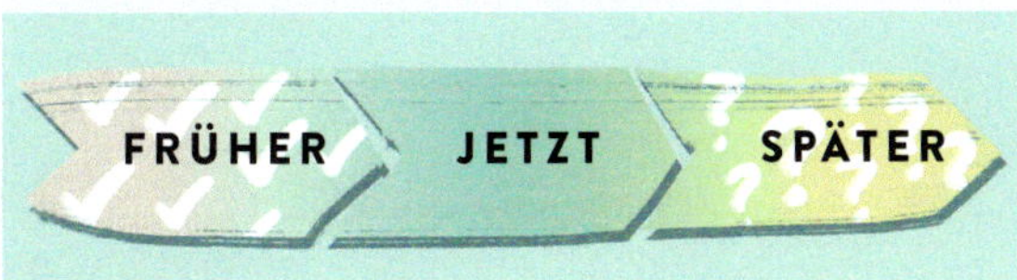

◆ die Vergangenheit (Sg.)
◆ die Gegenwart (Sg.)
◆ die Zukunft (Sg.)

◆ die Geburt, -en

◆ die Kindheit (Sg.)

◆ die Schulzeit (Sg.)

◆ die Jugend (Sg.)

◆ die / ◆ der Erwachsene, -n

◆ das Alter (Sg.)

4a	◆ das Erlebnis, -se	Wie hängen ~se, Erinnerungen und Gefühle zusammen?
	◆ die Erinnerung, -en	~ → sich erinnern
	◆ das Gefühl, -e	~ → fühlen
4b	◆ der Geruch, ¨-e	○ Welcher ~ ~t bei dir Erinnerungen?
	wecken	□ Wenn es nach frischem Kuchen riecht, erinnere ich mich an die Küche von meiner Oma.
	◆ die Realität (Sg.)	Erinnerungen sind oft positiver als die ~.

	verbinden (mit) (⚠ er / es / sie hat verbunden)		Erinnerungen sind mit Gefühlen verbunden.
4c	bestätigen		Das kann ich nicht ~.
5a	hin|setzen (sich) (⚠ du setzt dich hin) (CH) setzen (sich)		~ ↔ auf|stehen
	wach (sein) (A) munter (sein)		~ ↔ schlafen
	auf|fressen (⚠ du frisst auf, er / es / sie frisst auf)		○ Unser Hund hat meine Geburtstagstorte aufgefressen! □ Oje!
6a	jedes Mal		~ = immer
7	◆ die Fantasie (Sg.)		○ In meiner ~ liege ich am Strand in der Sonne. □ Ah, du träumst von deinem Urlaub!
	◆ das Zeichen, -		○ Warum lächelst du? □ Das ist ein ~ dafür, dass ich glücklich bin.
	schütteln (⚠ ich schütt(e)le)		○ Was bedeutet es, wenn du den Kopf schüttelst? □ Das bedeutet *Nein*.
8a	täglich		~ = jeden Tag
	◆ der Korridor, -e (A) / (CH) ◆ der Gang, ¨e		~ = Flur
	◆ die Biologie (Sg.)		In ~ haben wir sehr viel über Pflanzen und Tiere gelernt. Das fand ich spannend!
	◆ der Ärger (Sg.)		Wir haben im Unterricht oft geredet. Als unser Lehrer das gemerkt hat, gab es richtig ~.
	voll		~ ↔ leer
	◆ die Glocke, -n 		
	◆ der Stempel, - 		
8c	◆ der Direktor, -en ◆ die Direktorin, -nen		Der ~ leitet eine Schule.

02 Beste Freunde

1b	ernst (nehmen)		Ich finde, dass Lukas seinen Freund Jannik nicht ~ nimmt.
2	◆ der (Kultur)Kreis, -e		Wie bewertet man Tattoos in Ihrem oder einem anderen ~?
	◆ der Pinguin, -e 		
3a	◆ der Zweifel, -		○ Bist du sicher, dass du ein Tattoo möchtest? □ Nein, ich habe noch große ~
3b	◆ das WC, -s		~ = Toilette
	◆ der Rand, ¨er		Stadtzentrum ↔ Stadt~

4b	bewundern	Meinen Freund ~ ich für seinen Mut.
	◆ das Geheimnis, -se	Vor meinen besten Freunden habe ich keine ~se, ich erzähle ihnen alles.

4b Beziehungen

◆ der Freund, -e
◆ die Freundin, -nen

◆ der / ◆ die Bekannte, -n

◆ die Clique, -n

◆ der Freundeskreis, -e

◆ die Freundschaft, -en

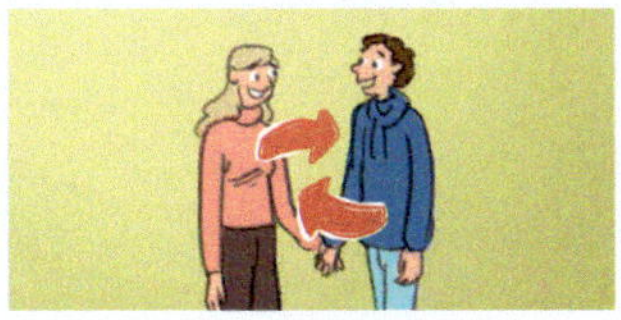

◆ die Beziehung, -en

◆ die Verbundenheit (Sg.)

◆ das Vertrauen (Sg.)

◆ die Liebe (Sg.)

5a	◆ der Typ, -en	Lukas und ich sind fast gleich alt. Aber vom ~ her sind wir ziemlich unterschiedlich.
	◆ die Entscheidung, -en	entscheiden → ~

> Aus manchen Verb können Sie mit der Silbe *-ung* das passende Nomen bilden. So erweitern Sie ganz einfach Ihren Wortschatz. Finden Sie weitere Verb / Nomen-Paare und lernen Sie sie immer zusammen.

erinnern – die Erinnerung
begrüßen – die Begrüßung
einladen – die Einladung

	halt	Er ist ~ ein total spontaner Typ. Darum kann er sich auch sofort entscheiden.
	darum	
	daher	~ = deshalb
	deswegen	
	mitten	○ Ich bin gestern um 3.30 Uhr heimgekommen. □ Puh, das war ja ~ in der Nacht!
	ergänzen (sich) (⚠ du ergänzt)	Jannik ist eher ein ruhiger Denker und Lukas ist ein Macher. Aber als Freunde ~ sie sich sehr gut.
	intensiv	Nach einem ~en Gespräch über unseren Streit fühlten wir uns wieder besser.
6b	◆ die Wahrheit, -en	Ich finde Ehrlichkeit sehr wichtig, darum sage ich meinen Freunden immer die ~.
7a	umsonst Ⓐ / Ⓒⓗ *auch*: gratis	~ = kostenlos

virtuell .... Warum sind ~e Freundschaften eigentlich schlechter als reale Freundschaften?

dauernd .... ~= ständig

eng .... Meine ~en Freunde sind mir sehr wichtig, weil ich ihnen alles erzählen kann.

7c spüren .... ~ = fühlen

03 Das ist genau mein Ding!

1b um|gehen (⚠ er / es / sie ist umgegangen) .... Vicky kann gut mit Zahlen ~.

◆ der Tourismus (Sg.) .... Chen Lu hat ~management studiert.

2 ◆ der Notfall, ¨-e .... Eigentlich arbeite ich gern im Krankenhaus, aber wenn es einen ~ gibt, kann es sehr stressig sein.

3a **persönliche Stärken**

teamfähig ....

gut organisiert ....

kommunikativ ....

pünktlich ....

zuverlässig ....

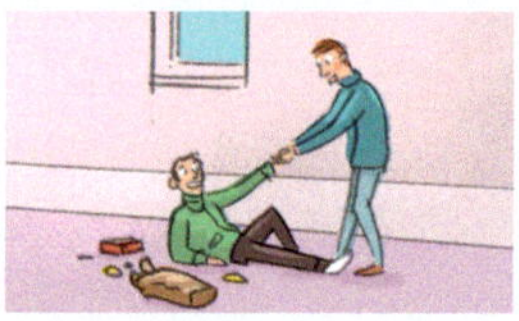
hilfsbereit ....

offen ....

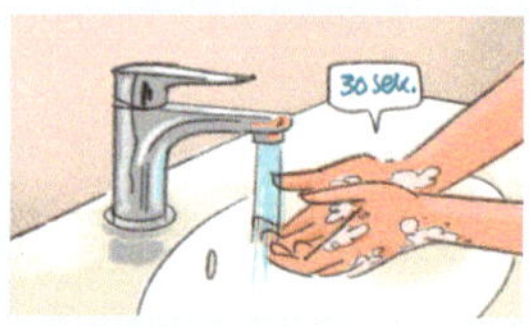
gründlich ....

fleißig ....

aufmerksam ....

geduldig ....

kreativ ....

> **!** Berufliche Fähigkeiten können Sie am besten zu zweit wiederholen. Wählen Sie drei passende Stärken aus und beschreiben Sie die Wörter / Ausdrücke für Ihre Partnerin / Ihren Partner. Sie / Er rät. Tauschen Sie dann die Rollen.

Ich komme nie zu spät.

Ah, du bist pünktlich.

4a ◆ die (Neu)Orientierung (Sg.) .... ~ = (beruflich) in eine neue Richtung gehen, etwas Neues machen

◆ die Stärke, -n .... Kennst du deine ~n und Schwächen?

	Wort	Beispiel
	◆ das Selbstvertrauen (Sg.)	Du lernst dich nicht nur besser kennen, sondern bekommst auch ein größeres ~.
	stoßen (⚠ du stößt / er, es, sie stößt, ist gestoßen)	Ehrlich gesagt bin ich froh, dass ich auf dich ~ bin.
	vereinbaren (A) *auch*: ausmachen	Ich würde gern einen Termin ~.
4b	eher	Ein Job-Coaching? – ~ nicht. Das kostet bestimmt total viel.
5c	schrecklich	~ = furchtbar
	◆ das Video, -s 	
	◆ die Decke, -n 	
	nass	**Zur Info:** Im Winter und Frühling ist die Erde oft sehr nass. Bitte kommt mit guten Schuhen zur Gartenarbeit.
6a	◆ die Fähigkeit, -en	Beim Job-Coaching habe ich gelernt, welche ~en ich habe. Ich kann z. B. super organisieren und gut mit Kunden umgehen.
	seitdem	Letztes Jahr habe ich meine Probleme endlich gelöst. ~ fühle ich mich viel besser.
6b	◆ der Zuhörer, - ◆ die Zuhörerin, -nen	Ich bin eine gute ~ / ein guter ~ und kann andere gut verstehen, wenn sie ein Problem haben.
	rechnen	○ Kannst du gut mit Zahlen umgehen? □ Ja, ich kann sehr gut ~.
	vertrauen	Du kannst mir ~. Ich erzähle dein Geheimnis nicht weiter.
	◆ die Neuigkeit, -en	~ = neue Information
	parallel	Ich kann viele Dinge ~ machen.
	technisch	Bei ~en Fragen kommen immer alle zu mir.
	◆ der Zusammenhang, ⸚e	Ich verstehe ⸚e sehr schnell.

M Fokus Beruf: Kompetenzberatung

	Wort	Beispiel
1a	analytisch	Als Architektin muss Luisa logisch denken können und sehr ~ arbeiten.
	kundenorientiert	~ = die Wünsche der Kunden sind besonders wichtig
	lösungsorientiert	~ = schnell Lösungen finden
	reisefreudig	○ An meiner Arbeit mag ich die interessanten Geschäftsreisen besonders. □ Oh, toll, dass du so ~ bist.
	sorgfältig	Gábor arbeitet sehr ~ und genau.
	sprachbegabt	○ Ich spreche drei Sprachen fließend. □ Oh, Sie sind ja wirklich ~!
	(sich) ein|schätzen (⚠ du schatzt (dich) ein)	○ Welche beruflichen Fähigkeiten sind für Sie besonders wichtig? □ Ich ~ mich als lösungsorientiert und sorgfältig ~.

(un)verzichtbar		Als Architektin sind sehr gute Kenntnisse im Bereich Mathematik un~.
◆ die Einschätzung, -en		~ → sich einschätzen
◆ die Eigenschaft, -en		○ Welche ~en mögen Sie an sich selbst? □ Ich mag an mir, dass ich lösungsorientiert und teamfähig bin.
ein|bringen (⚠ er / es / sie hat eingebracht)		In dieser Stelle könnten Sie Ihre Berufserfahrungen sicher besonders gut ~.
◆ die Perspektive, -n		Luisa hat lange als Architektin gearbeitet. Jetzt sucht sie neue berufliche ~n.

04 Morgen, morgen!

3c öfter		~ = oft

4a Veränderungen

einen Vorsatz haben

eine Gewohnheit haben

sich an etwas gewöhnen

etwas wiederholen

etwas / das Verhalten ändern

sich bewegen

sich an|strengen

Ausdauer haben

> **!** Lernen Sie Ausdrücke oder Verben am besten in ganzen Sätzen. Spielen Sie in der Gruppe: Schreiben Sie die Ausdrücke und Verben auf Kärtchen, nehmen Sie ein Kärtchen und sagen Sie einen Satz. Die / der Nächste wiederholt Ihren Satz und sagt einen neuen Satz usw. Können Sie sich alle Sätze merken?

einen Vorsatz haben

Ich habe den Vorsatz, einmal pro Woche joggen zu gehen.

Maria hat den Vorsatz, einmal pro Woche joggen zu gehen. Ich habe den Vorsatz, mehr Fahrrad zu fahren.

4b ◆ das Gehirn, -e 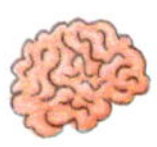		
genügen		~ = genug sein
ändern		~ → die Änderung
tatsächlich		~ ≈ wirklich
◆ die Änderung, -en		~ → ändern
◆ die Software, -s		~ = Computerprogramm
◆ die Energie (Sg.)		Unser Gehirn hasst Veränderungen, weil neues Verhalten sehr viel mehr ~ kostet, bis es zur Gewohnheit wird.
◆ die Forschung, -en		Die psychologische ~ sagt: Menschen brauchen lange, um alte Gewohnheiten zu ändern.

	◆ der Durchschnitt, -e	Um ein neues Verhalten einzuüben, sind im ~ 60 bis 70 Wiederholungen ~.
	nötig	
	automatisch	Nach dem Umlernen funktioniert die neue Gewohnheit genauso ~ wie die alte zuvor.
5b	blind 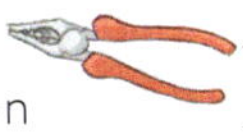	~ sein = nicht sehen können
	◆ die Zange, -n	
	◆ die Pfanne, -n 	
	◆ das Vitamin, -e	Mein Arzt sagt: Die ~e A, C und D sind für den Körper besonders wichtig.
7a	◆ die Aussage, -en	**Mehr als die Hälfte der Autofahrer möchte mit dem Rad zur Arbeit fahren!** Um diese ~ in der Realität zu ~, wurde eine praktische ~ mit 400 ~:innen gemacht.
	testen	
	◆ die Studie, -n	
	◆ der Teilnehmer, - ◆ die Teilnehmerin, -nen 	
	◆ das E-Bike, -s	
	◆ das Schloss (Fahrradschloss), ¨-er 	
	(CH) ◆ das Veloschloss, ¨-er	
7b	ab|schließen (⚠ du schließt ab, er / es / sie schließt ab, hat abgeschlossen)	○ Hast du dein Fahrrad ~? □ Oh nein, das habe ich vergessen!
8a	◆ der Rekord, -e	**Neuer ~ für Weißling:** Beim Stadtradeln fuhren letzte Woche 450 ~:innen insgesamt 104 124 Kilometer in unserer ~.
	◆ der Bürger, - ◆ die Bürgerin, -nen	
	◆ die Gemeinde, -n	
8b	folgend	○ Ich habe noch ~e Frage zu deiner Präsentation: ...

05 Wär' das etwas für dich?

1	◆ die Einrichtung, -en	○ Welche ~en gibt es im Uckerdorf? □ Es gibt z. B. eine Bibliothek und einen Dorfladen.
	◆ die Gemeinschaft, -en	Alle arbeiten 20 Stunden pro Woche für die ~.
	◆ die Versammlung, -en	Die Gemeinschaft trifft sich regelmäßig im ~sraum.
1a	◆ die Fortbildung, -en	○ Ist das Uckerdorf ein ~szentrum in Berlin? □ Nein, ich glaube nicht.
	alternativ	Das Uckerdorf ist ein Projekt für ~es Leben.
1d	bio(logisch)	Im Uckerdorf gibt es ~e Landwirtschaft.
	besetzt	○ Entschuldigen Sie, ist dieser Sitzplatz frei? □ Nein, tut mir leid, er ist schon ~.

	◆ der Fahrplan, ⸚e	○ Wo finde ich denn die Abfahrtszeiten für den ICE nach Berlin? □ Am besten schauen Sie im ~ nach.
	◆ die Ankunft (Sg.)	~ ↔ Abfahrt
	◆ die Unterkunft, ⸚e	○ Welche ⸚e gibt es im Uckerdorf? □ Man kann auf dem Zeltplatz oder im Schlafsaal übernachten.
	◆ die Vorstellung, -en	Beim Infotag gibt es eine interessante Projekt~.
3	◆ der Besuch, -e	Nils hat mehrere Freunde zu ~.

Gebäude und Einrichtungen

◆ die Bibliothek, -en

◆ der Dorfladen, ⸚

◆ die Gemeinschaftsküche, -n

◆ die Kantine, -n

◆ die Landwirtschaft (Sg.)

◆ der Schlafsaal, ⸚e

◆ der Versammlungsraum, ⸚e

◆ der Waldkindergarten, ⸚

◆ die Waschküche, -n

◆ die Werkstatt, ⸚en

> ❗ Lernen und wiederholen Sie Wörter zu Einrichtungen und Gebäuden immer zusammen mit passenden Tätigkeiten.

4a	(auf)|wachsen (⚠ du wächst (auf))	~ = groß werden
	◆ der Babysitter, - ◆ die Babysitterin, -nen	Für mich ist natürlich praktisch, dass ich hier immer nette ~ finde.
	◆ die Diskussion, -en	Die Gemeinschaft „kostet" Zeit: für Mitarbeit, Versammlungen, ~.
	finanziell	~ ist es leider immer schwierig.
	◆ das Missverständnis, -se	In der Gemeinschaft gibt es natürlich auch immer wieder ~ und Konflikte.
	◆ die Rücksicht, (Sg.)	Wenn so viele Menschen in einer Gemeinschaft zusammenleben, muss man auf alle ~ nehmen.

5b **Tiere**

◆ der Löwe, -n

◆ das Schwein, -e

◆ der Hase, -n

◆ der Affe, -n

◆ der Goldfisch, -e

◆ die Ente, -n

◆ die Fliege, -n

◆ die Giraffe, -n
Ⓐ *Aussprache:* [ʒi'rafɛ]

◆ die Mücke, -n

◆ das Krokodil, -e

◆ die Schildkröte, -n

◆ das Blut (Sg.)
○ Welches Tier ernährt sich von ~?
□ Die Mücke.

◆ der Rest, -e
○ Welche Tiere essen gern Essens~e?
□ Ich glaube Schweine.

aus|ruhen (sich)
○ Welches Tier ruht sich gern aus?
□ Hm, vielleicht das Krokodil?

schreien
Manche Affenarten können sehr laut ~.

06 Ich war ja vorher so aufgeregt!

1b live
Lotti hat das erste Mal ~ ein Video gemacht.

zu|schauen
Bei dem Live-Video haben nur wenige Menschen ~ge~.

2 aufgeregt
○ Vor Prüfungen bin ich immer total ~!
□ Das kenne ich gut!

◆ der Mut (Sg.)
Ich wollte unbedingt einmal Bungee-Jumping machen, hatte aber lange nicht den ~ dazu.

3a **Berufliche Neuorientierung**

freiberuflich arbeiten
Ⓒⓗ als Freelancer arbeiten

fest angestellt sein

ein Risiko eingehen (⚠ er / es / sie ist eingegangen)

etwas Neues wagen

Erfahrungen sammeln

eine Idee um|setzen
(⚠ du setzt um)

einen Traum verwirklichen

ein Projekt planen

einen Auftrag bekommen

> Nomen-Verb-Verbindungen sind besonders im beruflichen Bereich sehr wichtig. Lernen Sie diese Ausdrücke auswendig. Mit Ihrer Partnerin / Ihrem Partner können Sie sich auch testen. Sie nennen ein Nomen, Ihre Partnerin / Ihr Partner sagt so schnell wie möglich das dazu passende Verb und einen Satz. Tauschen Sie dann die Rollen.

etwas Neues ...

... wagen
Ich möchte beruflich etwas Neues wagen. ...

4a	◆ die Wissenschaft, -en		Rafa studiert Umwelt~en.
4b	voneinander		Rafa und Lotti, was habt ihr ~ gelernt?
5a	obwohl		Vor vier Jahren bin ich nach Deutschland gekommen, ~ ich kein Wort Deutsch konnte.
7a	begegnen		~ = treffen
	◆ die Hauptstadt, ¨-e		○ Wie heißt die ~ von Deutschland? □ Berlin.
8a	auf|geben (⚠ du gibst auf / er, es, sie gibt auf, hat aufgegeben)		Ich würde gern meinen Traum verwirklichen und meinen Job als Angestellter ~.
	(un)abhängig		Na ja, auf jeden Fall bist du un~. Du kannst deine Zeit frei einteilen.
	zuständig (sein)		Du musst dich um alles selbst kümmern und kannst nicht einfach sagen: „Nein, dafür bin ich nicht ~!“
	◆ die Sicherheit (Sg.)		Ich persönlich finde den Gedanken, keine ~ zu haben, unerträglich.
	unerträglich		Ich finde den Gedanken ~, selbstständig und ohne Sicherheit zu arbeiten.
	◆ die Vorschrift, -en		~ = Regel
	◆ das Gefängnis, -se		Ich habe mich als Angestellte immer wie im „~“ gefühlt, weil ich überhaupt keine Freiheit hatte.
9	bewerten		Ich ~ die berufliche Selbstständigkeit als ein Risiko.

M Fokus Beruf: Stellenanzeigen

	Wort		Beispiel
1	◆ der Gedanke, -n		Viele Menschen machen sich zu wenig ~n über die Umwelt.
	◆ die Tierpflegerin, -nen / ◆ der Tierpfleger, -		**Als ~ kümmerst du dich um unsere Jungtiere!**
	◆ die Waldführerin, -nen / ◆ der Waldführer, -		**Du magst den Wald und bist kontaktfreudig?** Dann bewirb dich jetzt als ~
	◆ der Nationalpark, -s		Wo? Im ~ *Bayerischer Wald.*
2a	◆ die Verstärkung (Sg.)		**WIR SUCHEN ~ FÜR UNSER KITA-TEAM!**
	erwarten		Für die Stelle ~ wir folgende Kenntnisse: …
	kommunikationsstark		~ = gut mit Leuten kommunizieren können
	idealerweise		~ = am besten
	◆ die Tätigkeit, -en		Zu Ihren ~en gehört die Pflege unserer Giraffen.
	tätigkeitsrelevant		Wir erwarten eine ~e Ausbildung im Bereich *Tierpflege*.
	voraus|setzen (⚠ du setzt voraus)		Für die Stelle als Waldführer ~ wir kein Studium ~, aber Sie sollten kontaktfreudig und offen sein.
	wünschenswert		Erfahrung in der Betreuung von Zootieren wäre ~.
	zwingend erforderlich		~ = unbedingt notwendig
	ausgeprägt		Wir erwarten eine ~e Teamfähigkeit.
	ab|runden		Eine ausgeprägte Kooperationsfähigkeit ~ Ihr Profil ~.
	unbefristet		Wir bieten eine ~e Vollzeitstelle.
2b	◆ die Anforderung, -en		Muss-~ = *muss* man für die Stelle haben bzw. können Kann-~ = ist *von Vorteil* für die Stelle
	abgeschlossen		~ = fertig
4b	vollständig		~ = ganz
	teilweise		~ = zum Teil

07 Allein unterwegs

	Wort		Beispiel
1b	beunruhigt (sein)		Sven ist ~, weil seine Mutter allein einen Fahrradurlaub machen will.
	◆ der Kontinent, -e		Afrika und Europa sind ~e.
	◆ die Erholung (Sg.)		Verena braucht ein bisschen ~ vom Alltag.
	verreisen		Sie will mal allein ~.
	locker (sehen)		Sven sieht die Pläne seiner Mutter nicht so ~.
1c	◆ die Reaktion, -en		~ → reagieren

2a Rund ums Reisen

◆ die Sehenswürdigkeit, -en

◆ die Übernachtung, -en

◆ die Unterkunft, ¨-e

◆ der Reiseführer, -

◆ das Souvenir, -s

◆ die Touristin, -nen /
◆ der Tourist, -en

◆ die Erholung (Sg.)

◆ das Abenteuer, -

◆ die Reisebegleitung (Sg.)

2a	(und) zwar	Ja, ich habe unterwegs schon mal jemanden kennengelernt! Und ~ meine Frau!
	später	~ ↔ früher
3a	erwachsen	~ ↔ jugendlich
4	◆ der Fakt, -en	Die ~en auf meiner Reise waren: Das Hotel war ungemütlich und der Strand sehr schmutzig. Das habe ich auch in meinen Reise~ geschrieben.
	◆ der Bericht, -e	
	ein|fallen (⚠ dir fällt ein / ihm, ihm, ihr fällt ein / ist eingefallen)	Wenn ich an Porto Santo denke, dann ~ mir sofort der alte Hafen ~.
	wohl|fühlen (sich)	Insgesamt ~ ich mich in Porto Santo Stefano aber sehr ~.
	südlich	Italien liegt ~ von Deutschland.
5a	entfernt	Lüneburg ist ca. 50 Kilometer von Hamburg ~.
	wahnsinnig	In der Altstadt gibt es ~ schöne Cafés und Bars.
	zentral	Der ~e Platz in der Lüneburger Altstadt heißt *Am Sande*.
5b	enttäuschend	Die Altstadt hat mir nicht so gut gefallen, ich fand sie etwas ~.
6a	klicken	Interessiert Sie eine Anzeige besonders? Dann ~ Sie einfach auf mehr
	◆ die Lage, -n	Kleines Ferienhäuschen in toller ~ in Nord-Schweden zu vermieten.

	◆ der Verlag, -e	Bekannter Reise~ sucht innovative Autorinnen und Autoren.
	◆ das Leder (Sg.)	Verkaufe großen Reisekoffer aus braunem ~.
	gebraucht	~ ↔ neu

08 „Soziales Pflichtjahr“, ja oder nein?

1b	handeln	Die Politikerin ist dafür, dass die Menschen mehr gemeinschaftlich denken und ~.
2a	◆ die Ansicht, -en	~ = Meinung
2b	klug Ⓐ gescheit	~ = intelligent
	töten	Man darf keine Fliegen ~!
3a	◆ das Jahrzehnt, -e	~ = zehn Jahre, z. B. die Jahre von 2000–2010
	◆ das System, -e	Vorschlag: ein Bonus-~ für ein Freiwilliges Soziales Jahr. Wer es macht, bekommt schneller einen Ausbildungs- oder Studienplatz.
	◆ die Vorbereitung, -en	Ein Freiwilliges Soziales Jahr wäre wirklich eine gute ~ auf das Berufsleben!

3a **Politik und Gesellschaft**

◆ der Bürger, - /
◆ die Bürgerin, -nen

◆ das Gesetz, -e

◆ die Politik (Sg.)

◆ der Staat, -en

◆ die Gesellschaft, -en

◆ der Aktivist, -en /
◆ die Aktivistin, -nen

◆ die Pflicht, -en

freiwillig

sozial

ökologisch

4b	auf|fordern	○ Ich ~ Sie ~, mich so bald wie möglich zu kontaktieren.
	◆ die Rede, -n	Die Politikerin hat eine interessante ~ zum Thema *Freiwilliges Soziales Jahr* gehalten.

	Wort		Beispiel
	◆ die Gebrauchsanweisung, -en		○ Wo finde ich Informationen zur Kaffeemaschine? □ In der ~
5	völlig		Das sehe ich ~ anders.
	unterbrechen (⚠ du unterbrichst, er / es / sie unterbricht, hat unterbrochen)		○ Darf ich Sie kurz ~? □ Einen Moment bitte. Ich würde meine Meinung gern noch begründen.
6a	◆ das Abitur (Sg.) (A) / (CH) ◆ die Matura (Sg.) (CH) *auch:* ◆ die Matur (Sg.)		Ich habe gerade mein ~ gemacht und möchte jetzt Architektur studieren.
	◆ der Bürgermeister, - (CH) ◆ der Gemeinde- / Stadtpräsident, - ◆ die Bürgermeisterin, -nen (CH) ◆ die Gemeinde- / Stadtpräsidentin, -nen		~:innen sind die wichtigsten Politiker:innen in einer Stadt oder einem Dorf.

09 Trotzdem eine super Erfahrung!

	Wort		Beispiel
1b	◆ die Form, -en		
2b	◆ der Fortschritt, -e		In Chile wollte Michi auch sprachliche ~e machen.
	aus|reichen		Seine Sprachkenntnisse aus Deutschland reichen aus, um die Vorlesungen auf Spanisch zu verstehen.
	◆ der Aufenthalt, -e		Ein Ziel des Auslands~s war für mich, meine Sprachkenntnisse zu verbessern.
	möglichst		Um die Sprache ~ viel zu hören, habe ich mich nur für Seminare auf Spanisch angemeldet.
	an|melden (sich)		Michi meldet sich für ein Auslandsemester in Chile an.
	◆ der Dialekt, -e		Im Deutschen gibt es viele verschiedene ~e, z. B. Bayerisch, Pfälzisch, Sächsisch ...
	◆ die Schwierigkeit, -en		~ ≈ Problem
	doppelt		Ich musste mich auf die Vorlesungen und Prüfungen auch sprachlich intensiv vorbereiten, hatte dann aber einen ~en Lernerfolg: im Fach und in der Sprache.
	◆ der Stil, -e		○ Wie findest du den Unterrichts~ unserer Lehrerin? □ Super, der Unterricht ist lebendig und interessant!
2c	mündlich		~e Sprache = Sprache, wie sie gesprochen wird

schriftlich		~e Sprache = Sprache, wie sie geschrieben wird
stolz		Michi war so ~ auf sein gutes Spanisch, aber in den Vorlesungen hat er trotzdem erstmal nichts verstanden.
◆ das Verständnis (Sg.)		Trotz seiner intensiven Vorbereitung hatte Michi in Vorlesungen und Prüfungen ~probleme.
lügen (⚠ er / es / sie hat gelogen)		~ = nicht die Wahrheit sagen
◆ die Herausforderung, -en		In so einem Bericht muss man auch zeigen, dass man die ~en im Auslandsemester gut geschafft hat.

2b **Rund ums Studium**

◆ der Abschluss, ¨-e

◆ der Bericht, -e

◆ das Fach, ¨-er

◆ die Prüfung, -en

◆ das Semester, -

◆ das Seminar, -e

◆ die Studiengebühr, -en

◆ die Vorlesung, -en

◆ das Zertifikat, -e

> **!** Wörter rund um Schule und Studium können Sie am besten lernen und wiederholen, wenn Sie sich dazu Beispielsätze aus Ihrer eigenen Schul- und Ausbildungszeit aufschreiben. Sprechen Sie auch mit Ihrer Partnerin / Ihrem Partner. Welche Erfahrungen und Erlebnisse verbindet sie / er mit Schule, Uni oder Ausbildung? Haben Sie ähnliche oder ganz andere Erfahrungen gemacht?

3a	◆ der Teil, -e		Wir hatten so viel Spaß zusammen und jetzt habe ich Kontakte in alle ~e der Welt.
	interkulturell		○ Was hat dir in deinem Auslandssemester am besten gefallen? □ Die ~en Erfahrungen, die ich in meinem Gastland gemacht habe.
4a	(un)gewohnt		Weil der chilenische Dialekt un~ war, hatte Michi Schwierigkeiten, die Dozent:innen zu verstehen.

	Wort		Beispiel
5a	ab|geben (⚠ du gibst ab, er / es / sie gibt ab, hat abgegeben)		Bitte denken Sie daran, dass Sie einen Monat nach Abschluss des Auslandsaufenthalts einen Bericht über das Auslandssemester ~ sollten.
	(sich) wenden (⚠ er / es / sie hat sich gewandt)		Wenn Sie noch Fragen haben, können Sie sich immer gern an mich ~.
5b	voraussichtlich		~ = mit ziemlicher Sicherheit
	◆ die Bestätigung, -en		Für meine Versicherung brauche ich eine ~, dass ich im letzten Semester im Ausland studiert habe.
5c	berichten		~ ≈ erzählen

M Fokus Beruf: Lebenslauf

	Wort		Beispiel
1a	◆ die Weiterbildung, -en		Ich mache eine ~ im Bereich Kunsttherapie.
	◆ der 10-Finger-Schreibkurs, -e		Weil ich einen ~ gemacht habe, kann ich jetzt sehr schnell tippen.
	◆ die Textverarbeitung (Sg.)		Ich habe sehr gute Kenntnisse im Bereich ~.
	◆ die Schulung, -en		Ich habe eine ~ im Bereich Kundenbetreuung gemacht.
	◆ die Kunsttherapie (Sg.)		Als Erzieherin ist eine Weiterbildung im Bereich ~ sehr in interessant.
	◆ die Berufsakademie, -n		In der ~ kann man Fortbildungen machen.
	◆ die Bäckerlehre, -n		Kilian hat gerade seine ~ abgeschlossen.
	◆ der Datenschutz (Sg.)		Ich habe eine Fortbildung im Bereich ~ gemacht.
	◆ die Bildbearbeitung (Sg.)		Mit dem ~sprogramm kann man tolle Poster machen.
	◆ die Grundlage, -n		Ich habe ~nkenntnisse im Bereich Bildbearbeitung.
1b	durch|führen		Charlotte ~ Beratungen auf Englisch ~.
	auf|frischen		Charlotte ~ ihre Französischkenntnisse ~.
	◆ die Beratungsstelle, -n		Charlotte arbeitet in einer ~ für Familien.
	aus|kennen (sich) (⚠ er / es / sie hat sich ausgekannt)		Charlotte ~ sich mit den meisten Computerprogrammen ~.
	weiter|bilden (sich)		Sie ~ sich beruflich ~.
	◆ die Sprachförderung (Sg.)		Charlotte macht eine Schulung im Bereich ~.
3	◆ die Fachhochschule, -n (FH)		Sie hat an der ~ Soziale Arbeit studiert.
	◆ die Tabellenkalkulation, -en		In kaufmännischen Berufen sind Kenntnisse im Bereich ~ sehr wichtig.

10 Wie möchte ich arbeiten?

1a	◆ die Tätigkeit, -en	○ Was ist dir in deinem Beruf wichtig?
	sinnvoll	□ Besonders wichtig ist mir, dass mir die ~ Spaß macht und sie ~ ist.
2	steil	Mein Cousin macht eine ~e Karriere an der Universität. Er ist mit 30 schon Professor.

Rund um die Arbeit

◆ die (Arbeits)stelle, -n

◆ das Einkommen, -

◆ die Karriere, -n

◆ die Berufserfahrung (Sg.)

◆ die Kündigung, -en

◆ die Verantwortung (Sg.)

◆ die Weiterbildung, -en

◆ die Herausforderung, -en

◆ die Mitbestimmung (Sg.)

◆ die Kritik (Sg.)

◆ das Feedback, -s

Sie kennen schon viele Wörter aus dem Bereich Arbeit. Sammeln Sie bekannte und neue Wörter und machen Sie eine Liste. Sortieren Sie von *sehr wichtig* bis *gar nicht wichtig*. Sprechen Sie auch mit Ihrer Partnerin / Ihrem Partner und begründen Sie Ihre Reihenfolge.

Verantwortung
Mitbestimmung
oft im Homeoffice arbeiten
viele Geschäftsreisen machen
nicht zu viele Online-Meetings machen
gutes Einkommen
...

Besonders wichtig sind mir Verantwortung und Mitbestimmung, aber ich möchte auch oft im Homeoffice arbeiten.

3a	deprimiert	~ = sehr traurig
	kritisieren	Mein neuer Chef ~ mich leider sehr oft.
	◆ die Aushilfe, -n	Mein Chef hat mich wohl eher wie eine ~ gesehen oder wie jemanden, der nur jobbt.
	jobben (ugs.)	~ = arbeiten

	neulich (CH) kürzlich	~ = vor kurzer Zeit
3b	jedenfalls	~ = auf jeden Fall
	allmählich	~ = mit der Zeit
4a	◆ der Sprachkurs, -e	○ Vor dem Urlaub möchte ich mein Spanisch verbessern. □ Dann mach doch noch einen ~.
4b	◆ die Überschrift, -en	In der ~ wird das Thema eines Textes genannt.
	◆ der Faktor, -en	○ Welche ~en sind für dich in der Arbeit wichtig? □ Selbstbestimmung und positives Feedback.
	◆ das Detail, -s	Bevor ich ins ~ gehe, möchte ich eine einfache Antwort geben.
	◆ die Rückmeldung, -en	~ = Feedback
5b	◆ die Sitzung, -en	~ = Meeting
6	◆ die Statistik, -en	Die Forscher:innen haben eine ~ zum Thema *Arbeitszufriedenheit* gemacht.
6b	◆ der Inhalt, -e	○ Für mich sind interessante ~e besonders wichtig bei meiner Arbeit.
	männlich ♂	
	weiblich ♀	
	allerdings	~≈ aber

11 Dinge, die den Alltag besser machen

1a	abonnieren (⚠ er / es / sie hat abonniert)	○ Ich habe jetzt den Kanal von Nele Wenzlaff ~. □ Ich finde ihre Videos auch toll und ~ immer alle.
	speichern (⚠ ich speicher(e))	
	her|stellen	~ = produzieren
	◆ der Rabatt, -e	Mit Neles Code bekommt man einen ~ und ein Kissen als Geschenk dazu.
2b	zuletzt	Welches Produkt haben Sie sich ~ gekauft?
3	verstecken (sich)	In Socken kann man auch super Geld ~.
	der Sack, ¨-e 	

3 Beschaffenheit von Alltagsgegenständen

flach / dünn ↔ dick

leicht ↔ schwer

glatt ↔ rau

stabil ↔ empfindlich / zerbrechlich

rund ↔ eckig / spitz	trocken ↔ feucht / nass	weich ↔ hart

Welche Gegenstände haben diese Eigenschaften? Sammeln Sie möglichst viele Nomen und schreiben Sie sie zu den jeweiligen Adjektiven. Sie können jeden Tag ein Wort ergänzen.

... – Decke – Teddybär – weich ⟷ hart – Stein – Glas – ...

4a	◆ die Einleitung, -en	Die ~ steht am Anfang eines Textes. Darin wird das Thema erklärt.
	verschmutzen (⚠ du verschmutzt)	Plastik ~ die Meere und Baumwolle ~ extrem viel Wasser.
	verbrauchen	
	extrem	~ ≈ sehr
	◆ die Droge, -n	Hanf ist eine Pflanze, die auch eine ~ ist.
	eignen (sich)	Hanf ~ sich auch für die Produktion von Papier und Stoff.
	entstehen (⚠ er / es / sie ist entstanden)	Aus dem biologischen Abfall Kaffeesatz kann ein nachhaltiger Kaffeebecher ~.
	◆ der Kaffeebecher, - 	
	◆ der Vergleich, -e	Im ~ zu Kaffeebechern aus Plastik, Metall oder Keramik ist der Becher aus Kaffeesatz sehr umweltfreundlich.
	giftig	Upcycling hilft, ~en Plastikmüll zu vermeiden.
	◆ die Geldbörse, -n  (A) ◆ die Geldtasche, -n (CH) ◆ das Portemonnaie, -s	
5a	◆ der Verbraucher, - ◆ die Verbraucherin, -nen	~ = eine Person, die Waren oder Lebensmittel kauft und verwendet.
	recyceln	Einen Kaffeebecher kann man problemlos ~.
6b	◆ der Strom (Sg.)	~ braucht man, um sein Smartphone aufzuladen.

12 Das Auge isst mit.

1	künstlich	~ ↔ natürlich
2	streng	○ Man darf die Gerichte im Restaurant leider nicht fotografieren. □ Echt? Diese Regel finde ich schon ziemlich ~.

2a enttäuscht — Sie sind ~ von ihrem Essen.

◆ das Gericht, -e — Sie dürfen das ~ nicht fotografieren.

3 ◆ die Zutat, -en
- ○ Welche ~en braucht man für den Apfelkuchen?
- □ 300g Mehl, 4 Eier, 2 Äpfel ...

◆ die Bohne, -n 
Ⓐ ◆ die Fisole, -n
◆ das Mehl (Sg.) 
◆ die Karotte, -n 
◆ der/◆ das Joghurt, -s 
Ⓐ ◆ das Joghurt, -s
◆ das Hühnchen, - 
Ⓐ ◆ das Hendl, -
(CH) ◆ das Poulet, -s
◆ die Zwiebel, -n 

3 **Zubereitung von Essen**

auf|wärmen

backen

braten

grillen

hacken

kochen

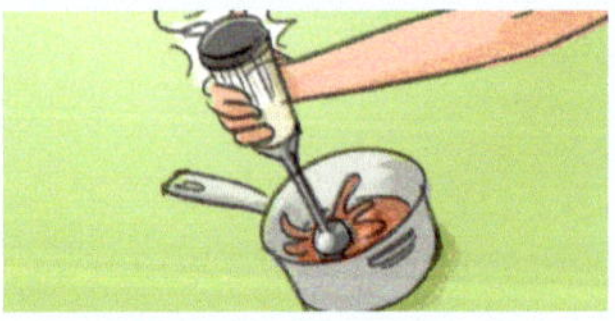
mixen

reiben

roh zubereiten

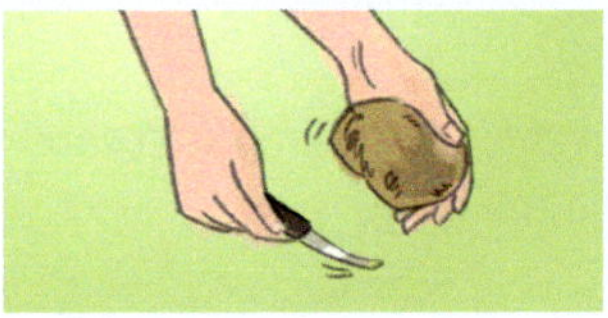
schälen

schneiden

> **!** Lernen Sie die Verben zum Thema *Zubereitung von Essen* zusammen mit den passenden Lebensmitteln oder Gerichten. Machen Sie Mindmaps und bilden Sie Sätze.

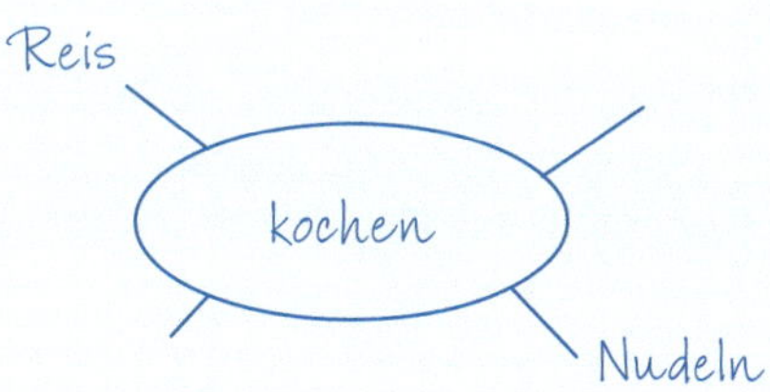

Nudeln koche ich fast jeden Tag, manchmal aber auch Reis.

4a	stecken	**Das Fotografieren von Essen: Was ~ hinter diesem ~?**
	◆ der Trend, -s	
	◆ das Aussehen (Sg.)	aussehen → das ~
4b	◆ die Seite, -n	In den sozialen Medien teilen die Menschen verschiedene ~n ihres Lebens.
	◆ die Botschaft, -en	Eine ~ von Essensfotos ist, dass es uns gut geht.
	hungrig (sein)	~ = Hunger haben.
5a	◆ der Senf (Sg.) 	
5b	übersetzen (⚠ du übersetzt)	Auf Katalanisch gibt es die Redewendung „és un troç de pa". Übersetzt heißt das: „Er ist ein Stück Brot".
7a	gewöhnlich	Der Fisch wird gegrillt und ~ bekommt man dazu ein Glas Salzgurken.
	normalerweise	○ Das erinnert mich an die Fischbrötchen im Hamburger Hafen. □ Stimmt! Aber bei uns gibt es ~ weniger Gemüse dazu.

M Fokus Beruf: Das Anschreiben

1	◆ das Motto, -s	Nabiha lebt als Köchin das ~ *Das Auge isst mit*.
	weiter|entwickeln (sich)	Ich möchte mich beruflich ~.
	◆ die Kreativität (Sg.)	kreativ sein → ~
	geregelt	In diesem Job gibt es ~e Arbeitszeiten.
	aus|geben (⚠ du gibst aus, er / es / sie gibt aus, hat ausgegeben)	In der Schulküche wird sehr gesundes Essen ~.
2a	◆ das Anschreiben, -	○ Was gehört zu einer Bewerbung? □ Wichtig sind ~, Lebenslauf und Zeugnisse.
	langjährig	~ = viele Jahre lang
	einschlägig	Für die Aufgabe als Köchin bringt Nabiha ~e Berufserfahrung mit.
	ausgeschrieben	Ich bewerbe mich um die ~ Stelle im Restaurant.
	◆ die Hauptaufgabe, -n	~ = wichtigste Aufgabe
	◆ der Wert, -e	Ich lege viel ~ auf eine gute Zusammenarbeit im Team.
	strukturiert	~ = gut organisiert
	sorgfältig	~ = gründlich
	◆ die Arbeitsweise, -n	Nabihas ~ ist strukturiert.

aus|zeichnen	....	○ Welche Fähigkeit ~ Sie besonders ~? □ Meine Kreativität.
◆ der Schwerpunkt, -e	....	Ich möchte gern neue ~e in meinem Berufsleben setzen.
entwickeln	....	Nabiha findet, dass auch Kinder schon Spaß an gesundem Essen ~ sollen.

* Variante in Süddeutschland, Österreich Ⓐ und der Schweiz ⒸⒽ

Infinitiv	Präsens	Perfekt
	er / es / sie	*er / es / sie*
ab|biegen	biegt ab	ist abgebogen
ab|fahren	fährt ab	ist abgefahren
ab|geben	gibt ab	hat abgegeben
ab|laden	lädt ab	hat abgeladen
ab|schließen	schließt ab	hat abgeschlossen
ab|schneiden	schneidet ab	hat abgeschnitten
ab|waschen	wäscht ab	hat abgewaschen
an|bieten	bietet an	hat angeboten
an|fangen	fängt an	hat angefangen
an|haben	hat an	hat angehabt
an|rufen	ruft an	hat angerufen
an|sehen Ⓐ ⒸⒽ an|schauen	sieht an schaut an	hat angesehen hat angeschaut
an|sprechen	spricht an	hat angesprochen
an|ziehen	zieht an	hat angezogen
antworten	antwortet	hat geantwortet
auf|bleiben	bleibt auf	ist aufgeblieben
auf|fressen	frisst auf	hat aufgefressen
auf|geben	gibt auf	hat aufgegeben
auf|gehen	geht auf	ist aufgegangen
auf|laden	lädt auf	hat aufgeladen
auf|nehmen	nimmt auf	hat aufgenommen
auf|stehen	steht auf	ist aufgestanden
auf|wachsen	wächst auf	ist aufgewachsen
aus|gehen	geht aus	ist ausgegangen
aus|schalten	schaltet aus	hat ausgeschaltet
aus|sehen Ⓐ aus|schauen	sieht aus schaut aus	hat ausgesehen hat ausgeschaut
aus|steigen	steigt aus	ist ausgestiegen
aus|ziehen	zieht aus	ist ausgezogen
aus|leihen	leiht aus	hat ausgeliehen
beachten	beachtet	hat beachtet
beantworten	beantwortet	hat beantwortet
bedeuten	bedeutet	hat bedeutet
beginnen	beginnt	hat begonnen
behalten	behält	hat behalten

bekommen	bekommt	hat bekommen
beobachten	beobachtet	hat beobachtet
beraten	berät	hat beraten
beschreiben	beschreibt	hat beschrieben
besprechen	bespricht	hat besprochen
bestehen	besteht	hat bestanden
bewerben (sich)	bewirbt (sich)	hat beworben (sich)
bieten	bietet	hat geboten
bitten	bittet	hat gebeten
bringen	bringt	hat gebracht
denken	denkt	hat gedacht
dürfen	darf	hat gedurft
ein|fahren	fährt ein	ist eingefahren
ein|fallen	fällt ein	ist eingefallen
ein|gehen	geht ein	ist eingegangen
ein|laden	lädt ein	hat eingeladen
ein|richten	richtet ein	hat eingerichtet
ein|schlafen	schläft ein	ist eingeschlafen
ein|steigen	steigt ein	ist eingestiegen
ein|tragen	trägt ein	hat eingetragen
empfehlen	empfiehlt	hat empfohlen
enden	endet	hat geendet
entscheiden	entscheidet	hat entschieden
entstehen	entsteht	ist entstanden
erfahren	erfährt	hat erfahren
erfinden	erfindet	hat erfunden
essen	isst	hat gegessen
fahren	fährt	ist gefahren
fangen	fängt	hat gefangen
fern|sehen	sieht fern	hat ferngesehen
finden	findet	hat gefunden
fliegen	fliegt	ist geflogen
folgen	folgt	ist gefolgt
fürchten	fürchtet	hat gefürchtet
geben	gibt	hat gegeben
gefallen	gefällt	hat gefallen
gehen	geht	ist gegangen
gelten	gilt	hat gegolten
genießen	genießt	hat genossen

gewinnen	gewinnt	hat gewonnen
gründen	gründet	hat gegründet
haben	hat	hat gehabt
hängen	hängt	hat gehängt
hängen	hängt	hat gehangen
halten	hält	hat gehalten
heben	hebt	hat gehoben
heiraten	heiratet	hat geheiratet
heißen	heißt	hat geheißen
helfen	hilft	hat geholfen
her|kommen	kommt her	ist hergekommen
hoch|laden	lädt hoch	hat hochgeladen
kennen	kennt	hat gekannt
klingen	klingt	hat geklungen
können	kann	hat gekonnt
kosten	kostet	hat gekostet
landen	landet	ist gelandet
laufen	läuft	ist gelaufen
leihen	leiht	hat geliehen
lesen	liest	hat gelesen
liegen	liegt	hat gelegen (A) (CH) ist gelegen
los|gehen	geht los	ist losgegangen
lügen	lügt	hat gelogen
mieten	mietet	hat gemietet
mit|arbeiten	arbeitet mit	hat mitgearbeitet
mit|bringen	bringt mit	hat mitgebracht
mit|nehmen	nimmt mit	hat mitgenommen
möchten	möchte	hat gemocht
mögen	mag	hat gemocht
müssen	muss	hat gemusst
nach|denken	denkt nach	hat nachgedacht
nach|sehen (A) (CH) nach|schauen	sieht nach schaut nach	hat nachgesehen hat nachgeschaut
nehmen	nimmt	hat genommen
nennen	nennt	hat genannt
raten	rät	hat geraten
reden	redet	hat geredet
reisen	reist	ist gereist
riechen	riecht	hat gerochen
rufen	ruft	hat gerufen

scheinen	scheint	hat geschienen
schieben*	schiebt	hat geschoben
(CH) stossen	stösst	hat gestossen
schlafen	schläft	hat geschlafen
schließen	schließt	hat geschlossen
schneiden	schneidet	hat geschnitten
schreiben	schreibt	hat geschrieben
schwimmen	schwimmt	ist geschwommen
sehen	sieht	hat gesehen
sein	ist	ist gewesen
sitzen	sitzt	hat gesessen (A) (CH) ist gesessen
sollen	soll	hat gesollt
sprechen	spricht	hat gesprochen
springen	springt	ist gesprungen
starten	startet	ist gestartet
statt|finden	findet statt	hat stattgefunden
stechen	sticht	hat gestochen
steigen	steigt	ist gestiegen
stehen	steht	hat gestanden (A) (CH) ist gestanden
sterben	stirbt	ist gestorben
stoßen	stößt	ist gestoßen
streiten (sich)	streitet (sich)	hat (sich) gestritten
teil|nehmen	nimmt teil	hat teilgenommen
tragen	trägt	hat getragen
treffen	trifft	hat getroffen
trinken	trinkt	hat getrunken
übernehmen	übernimmt	hat übernommen
überreden	überredet	hat überredet
überweisen	überweist	hat überwiesen
um|gehen	geht um	ist umgegangen
um|steigen	steigt um	ist umgestiegen
um|ziehen	zieht um	ist umgezogen
unterbrechen	unterbricht	hat unterbrochen
unterhalten (sich)	unterhält (sich)	hat (sich) unterhalten
unternehmen	unternimmt	hat unternommen
unterschreiben	unterschreibt	hat unterschrieben
verbinden	verbindet	hat verbunden
verbringen	verbringt	hat verbracht

vergessen	vergisst	hat vergessen
verlassen	verlässt	hat verlassen
verlieren	verliert	hat verloren
vermeiden	vermeidet	hat vermieden
verschieben	verschiebt	hat verschoben
versprechen	verspricht	hat versprochen
verstehen	versteht	hat verstanden
vor|bereiten	bereitet vor	hat vorbereitet
vor|schlagen	schlägt vor	hat vorgeschlagen
warten	wartet	hat gewartet
waschen	wäscht	hat gewaschen
weg|gehen	geht weg	ist weggegangen
weg|werfen	wirft weg	hat weggeworfen
wehtun	tut weh	hat wehgetan
weiter|fahren	fährt weiter	ist weitergefahren
werden	wird	ist geworden
werfen	wirft	hat geworfen
wieder|sehen	sieht wieder	hat wiedergesehen
wiegen	wiegt	hat gewogen
wissen	weiß	hat gewusst
wollen	will	hat gewollt
zeichnen	zeichnet	hat gezeichnet
ziehen	zieht	ist gezogen
zurück|fahren	fährt zurück	ist zurückgefahren
zurück|rufen	ruft zurück	hat zurückgerufen
zurück|treten	tritt zurück	ist zurückgetreten

MODUL 1

1 b hat sich in der Arbeit gut gefühlt c hat viel verdient d gut überlegt e sie Probleme haben f als junger Mensch g wird neue Dinge lernen

2 richtig: b, e, f falsch: c, d, g

MODUL 2

1 2A 3D 4G 5B 6E 7F

2 Lösungsbeispiel: B Mehrere haben gesagt, dass sie gern im Park feiern möchten.
C Ziemlich einig waren sich alle in dem Punkt, dass sie grillen möchten. D Fast alle finden, dass sie gern tanzen wollen. E Einige haben gesagt, dass man Cocktails machen könnte.
F Nur eine Person findet, dass man zusammen Sport machen sollte. G Niemand findet, dass man gemeinsam singen soll.

3 Anja: a, d, g Gero: c, f Zara: b, e

4a 1: Das wird schon gut gehen! / Ich bin mir absolut sicher, dass es gelingen wird, denn ... 2: Ich bezweifle, dass ... / Ich bin mir nicht sicher, ob das klappt, denn

4b Lösungsbeispiel: 2 Ich bin mir absolut sicher, dass es gelingen wird, denn du liebst Blumen und bist sehr kreativ. Ein Blumendienst passt perfekt zu dir! 3 Das wird schon gut gehen! Du bist ja sehr fit und wenn man ein Ziel hat und es will, schafft man alles! 4 Ich bin mir nicht sicher, ob das gut geht, denn man muss sich um Hunde auch kümmern. Und dazu hast du keine Zeit, weil du sehr viel arbeitest.

MODUL 3

1 richtig; 2, 5, 6

2 Lösungsbeispiel: Zu 1: Da muss ich widersprechen. Meiner Meinung nach interessieren sich nur sehr wenige Menschen für das Motorbootfahren. Die meisten Bürger/innen möchten den See auf eine ruhigere Art genießen, also z. B. schwimmen oder angeln. Motorboote auf dem Stadtsee würden diese Freizeitaktivitäten stören und könnten andere Menschen, z. B. beim Schwimmen, sogar in Gefahr bringen. Es gibt auch viele andere Möglichkeiten, um die Natur zu genießen, die nicht direkt mit dem See verbunden sind, wie Wandern, Radfahren oder Picknicken in der Natur. Zu 2: Das sehe ich völlig anders. Ich bin der Meinung, dass Motorboote schlecht für die Natur sind. Sie sind schmutzig und laut und stören die Tiere im Wasser. Sie sind also auf jeden Fall ein Problem für die Umwelt, auch wenn sie nur tagsüber erlaubt sind. Sie sollten deshalb lieber nachhaltigere und umweltfreundlichere Alternativen unterstützen wie Ruder-, Paddel- oder Segelboote. Zu 3: Da bin ich ganz anderer Meinung. Die Stadt hat viele natürliche und kulturelle Sehenswürdigkeiten, wie eine wunderschöne Natur und viele historische Orte. Die Touristen besuchen die Stadt nicht, um Motorboot-Wettbewerbe anzuschauen. Sie kommen, um einen angenehmen, ruhigen Urlaub in der Natur zu verbringen. Ich bin absolut der Überzeugung, dass Motorboote und der geplante Motorboot-Wettbewerb dazu führen würden, dass die jetzigen Touristen nicht mehr kommen, was für die Gemeinde finanziell schlecht wäre. Deshalb ist es wichtig, dass die Stadt als ruhiges Reiseziel bekannt bleibt und auch in Zukunft nur umweltfreundliche Tourismusmöglichkeiten anbietet.

3 2 Afrika 3 3 Jahre 4 gearbeitet hat 5 zu Hause 6 ihre Arbeit 7 gern bald wieder

MODUL 4

1 A7 B1 C3 D3 E7 F5 G– H6

2 richtig: 3, 4, 6 falsch: 2, 5, 7

3 Lösungsbeispiel: Mein Lieblingsgegenstand ist ein Stein. Ich habe ihn mal am Strand gefunden habe. Er ist klein, rund und glatt. Er eignet sich perfekt als „Stressball". Wenn ich ihn drücke, werde ich schnell wieder ruhiger. Man kann damit auch spielen und sich die Zeit sinnvoll vertreiben. Das Tolle an meinem Lieblingsgegenstand ist, dass er perfekt in meine Hosentasche passt und trotzdem nichts gekostet hat.

4 Lösungsbeispiel: Im Vergleich zwischen den DACH-Ländern essen die Menschen in Österreich am häufigsten Obst und Gemüse, auf Platz 2 steht die Schweiz und an letzter Stelle Deutschland.
Rund die Hälfte der Menschen in Österreich und der Schweiz essen 3- bis 6-mal pro Woche Obst und Gemüse, in Deutschland aber nur knapp ein Viertel. Ungefähr die Hälfte der Deutschen essen aber 1- bis 3-mal die Woche Obst oder Gemüse, was in Österreich knapp 35 Prozent machen und in der Schweiz nur sehr wenige. Etwa ein Viertel der Schweizer isst pro Tag Obst oder Gemüse, aber in Österreich nur fast 15 Prozent und in Deutschland nur 10 Prozent. Weitere 3 bzw. 5 Prozent der Deutschen und Österreicher essen im Monat Obst- und Gemüse, in der Schweiz aber noch knapp 25 Prozent. Die Wenigsten essen in Österreich und der Schweiz nie Obst oder Gemüse, aber in Deutschland 18 Prozent.

Benni: Einen wunderschönen guten Morgen, liebe Hörerinnen und Hörer, herzlich willkommen bei der Radioshow *Mit Spaß in den Tag*. Hier sind wie immer meine Kollegin Aga Nowak und ich, Benni Clement. Wir wünschen Ihnen einen wunderschönen 1. Juni! Welt-Kindertag! Wir wollen über Kindheitserinnerungen sprechen! Was ist denn deine schönste Kindheitserinnerung, Aga?

Aga: Puh, ich habe viele tolle Erinnerungen an meine Kindheit. Ich habe drei Geschwister, da war es natürlich meistens lustig ... und laut. Immer wenn einer von uns Geburtstag hatte, durften wir unsere Freunde einladen. Besonders gut kann ich mich an meinen achten Geburtstag erinnern. Da habe ich die ganze Klasse eingeladen ... Meine Eltern waren natürlich geschockt! 25 Kinder in unserer kleinen Wohnung!

Benni: Ups! Das kann ich mir vorstellen! Was habt ihr dann gemacht?

Aga: Meine Mutter ist schnell zum Bäcker gefahren und hat noch mehr Kuchen gekauft. Und mein Vater hat eine Wanderung mit allen Kindern gemacht. Dann haben wir auf dem Spielplatz ein Picknick gemacht. Wenn ich mich heute daran erinnere, finde ich es cool, dass meine Eltern mitgemacht haben.

Benni: Ja, das stimmt. Liebe Hörerinnen und Hörer, haben Sie auch schöne Erinnerungen an Ihre Kindheit? Dann rufen Sie uns an ... 0400 22 33 44 ... wir freuen uns auf Ihre Geschichten. Und da ist schon der Erste!

Lukas: Hallo, hier spricht Lukas Thiel aus Berlin. Also, ich denke gern an die Sommerferien mit meinen Eltern und meinem Bruder. Einmal waren wir in Norddeutschland, an der Ostsee. Wir hatten einen Campingplatz direkt am Strand und sind schon morgens vor dem Frühstück im Meer schwimmen gegangen. Dann haben wir draußen gefrühstückt, heiße Schokolade und frische Brötchen, das weiß ich noch genau. Zum Glück war das Wetter schön und mein Bruder und ich konnten nachts draußen vor dem Zelt schlafen. Der Sternenhimmel ... einfach toll!

Aga: Oh, das klingt wirklich wunderschön. Vielleicht hat unser nächster Anrufer ja auch so tolle Erinnerungen. Hallo?

Lorena: Guten Morgen, hier ist Lorena Ortega aus Potsdam.

Aga: Guten Morgen!

Lorena: Also, als ich 13 war, haben wir eine Klassenfahrt gemacht. In die Berge. Das war die erste Reise ohne meine Eltern ... ein Abenteuer! Tagsüber waren wir natürlich viel wandern, aber leider war das Wetter nicht so gut. Und mein Pech war, dass ich keine Regenjacke dabeihatte. Trotzdem hatte ich viel Spaß. Abends haben wir immer Karaoke gesungen! ... Das vergesse ich nie!

Aga: Das ist ja eine tolle Geschichte. Jetzt gibt es kurz Musik. Jetzt ein bisschen Musik und danach geht es weiter mit euren schönsten Kindheitserinnerungen.

Quellenverzeichnis

Cover © Getty Images/E+/pixdeluxe
U2 © www.landkarten-erstellung.de HF/AB

S. 7: Blumen © Getty Images/iStock/Alice Fox; Winterlandschaft © PantherMedia/kotenko
S. 8: Papierhintergrund © Getty Images/iStock/Eplisterra; Junge © Getty Images/E+/FG Trade Latin;
S. 9: Frau © Getty Images/iStock/ViktorCap
S. 10: Person © Getty Images/iStock/Halfpoint; Pinguin © artbalitskiy - stock.adobe.com
S. 11: Gruppe © Getty Images/iStock/SeventyFour
S. 14: Gruppe © Getty Images/E+/TommL
S. 18: Personen © Getty Images/iStock/g-stockstudio
S. 20: Mann © Getty Images/iStock/ajr_images; Kinder © Getty Images/E+/sturti
S. 22: Frau © Getty Images/iStock/Vadym Pastukh
S. 24: Pinguine © Getty Images/iStock/Ondrej Prosicky
S. 25: Frau © Getty Images/E+/amriphoto
S. 32: Haus/Garten © Getty Images/iStock/Dance60
S. 33: Innenraum © Getty Images/iStock/swisshippo
S. 38: Frauen © Getty Images/E+/ljubaphoto
S. 39: Miley © Shutterstock.com/WAYHOME studio; Sonnenschein © Shutterstock.com/goodluz; Rot12 © Shutterstock.com/goodluz; MaXX © Getty Images/E+/PeopleImages; MisterZ © Shutterstock.com/Rido
S. 44: Mann © Getty Images/E+/FG Trade
S. 45: Mann © Getty Images/E+/FG Trade; Frau © Getty Images/E+/FG Trade
S. 46: Gemüse © Getty Images/iStock/tibor13; Frau © Getty Images/iStock/AleksandarNakic
S. 50: Rom © Getty Images/iStock/Greens87
S. 52: 1 © Getty Images/E+/174636315; 2 © Getty Images/iStock/Liens; 3 © Getty Images/E+/skodonnell; 4 © Thinkstock/iStock/suprunvitaly; 5 © Getty Images/E+/pepifoto; 6 © fotolia/Sylvie Thenard; Ü6a © Getty Images/iStock/eef30
S. 53: Markt © Getty Images/E+/Nikada
S. 54: Frau © Getty Images/iStock/PeopleImages
S. 59: Ü5a Präsenz- und Intensivkurs © Getty Images/DigitalVision Vectors/appleuzr; Sprachlern-App © Getty Images/DigitalVision Vectors/fonikum; Sprachreise © Getty Images/DigitalVision Vectors/fonikum
S. 60: Ü5c Frau © Getty Images/iStock/lakshmiprasad S; Salma © Getty Images/E+/JohnnyGreig; Karolina © Thinkstock/iStock/monkeybusinessimages; Jakab Produktionsfoto: Matthias Kraus, München
S. 63: Frau © Getty Images/E+/South_agency
S. 65: Ü4a Hintergrund © Getty Images/iStock/Corri Seizinger
S. 66: Charlotte © nokturnal - stock.adobe.com
S. 71: Ü1a © Getty Images/iStock/stockstudioX; Ü2 © Getty Images/E+/Klubovy
S. 74: Ü9 © Thinkstock/iStock/Poike
S. 77: Ü5 Geldsack © Getty Images/E+/t_kimura; Box © Getty Images/iStock/Samohin; Pappbecher © Getty Images/iStock/Veronika Ryabova; Geldbeutel © PantherMedia/masic75; Baumwolle © Getty Images/iStock/g-miner; 50% Schild © Getty Images/iStock/Eva-Foreman; USB-Stick © inbj/123rf.com; Hanfblatt © Getty Images/iStock/emer1940; Ecstasy © Getty Images/iStock/Makhbubakhon Ismatova; Ü6 1 © PantherMedia/jcbprod; 2 © Getty Images/E+/AzmanL; 3 © Getty Images/E+/blackCAT; 4 © Getty Images/E+/RgStudio
S. 79: Mann © Getty Images/iStock/Poike
S. 82: Kuchen © fotolia/Jérôme Rommé
S. 83: Personen © Getty Images/iStock/mkitina4
S. 84: Fußball © Getty Images/iStock/Torresigner
S. 85: A © Thinkstock/iStockphoto; B © inbj/123rf.com; C © iStock/asbe; D © Thinkstock/iStock/urfinguss; E © Thinkstock/iStock/Suljo; Pfanne © Getty Images/iStock/kabVisio; Frau © Getty Images/iStock/fizkes
S. 86: 1 © MEV; 2 © Thinkstock/iStock/AnnaDudek; 3 © bukhta79 - stock.adobe.com; 4 © Getty Images Plus/iStock/Marat Musabirov; 5 © Thinkstock/iStock/SvetlanaK; 6 © Getty Images Plus/iStock/malerapaso; 7 © Thinkstock/iStock/Llgorko; 8 © Getty Images/iStock/fcafotodigital; Ü2 © Robert Kneschke - stock.adobe.com
S. 87: © Firma V - stock.adobe.com
S. 88: Nabiha © Getty Images/E+/Stígur Már Karlsson/Heimsmyndir; Hände © Getty Images/iStock/Jannoon028
S. 90: Küche © Thinkstock/iStock/Ariadna De raadt
S. 92: Palatschinken © Thinkstock/iStock/dulezidar
S. 94: Füße © Getty Images/E+/RyanJLane; Frau © Getty Images/iStock/JackF
S. 95: Julia und Frauen © Thinkstock/iStock/Justin Hershey; Dzifa und Paar © Getty Images/iStock/svetikd
S. 97: Fitnessraum © Getty Images/E+/onurdongel; Frau © Getty Images/E+/AleksandarNakic
S. 98: Frau © Getty Images/E+/Marco VDM
S. 99: Frau © Getty Images/iStock/Prostock-Studio; Ü7/11 Hintergrund © Thinkstock/iStock/Olgaorly
S. 101: Auer Dult © Getty Images/iStock Editorial/Getty Images Plus/pwmotion - Kettenkarussell vor der Mariahilf-Kirche an der Auer Dult, traditioneller Markt in München, Bayern, Deutschland, Europa, 1. Mai 2007

Quellenverzeichnis

S. 102: Frau © Getty Images/E+/Mystockimages
S. 103: Statue © Getty Images/iStock/Zagardinova; Laptop © Getty Images/iStock/BongkarnThanyakij; SLR Kamera © Getty Images/iStock/lithiumcloud; Makeup © Getty Images/iStock/lena_serditova; Zelt © Getty Images/iStock/Aleksey Gavrikov; Rucksack © Getty Images/iStock/Andres Victorero; Strand © Getty Images/iStock/eternalcreative; Markt © Getty Images/iStock/danielvfung; Filmstreifen © Getty Images/iStock/MrsWilkins
S. 104: Brot © Getty Images/E+/Alvarez
S. 105: Frau © Getty Images/Hemera/Hongqi Zhang
S. 106: Pinguin © artbalitskiy - stock.adobe.com
S. 112: Bibliothek © Getty Images/iStock/diignat; Dorfladen © Westend61 - stock.adobe.com; Küche © Volodymyr Shevchuk - stock.adobe.com; Kantine © Getty Images/E+/FG Trade; Landwirtschaft © JackF - stock.adobe.com; Schlafsaal © radiokafka - stock.adobe.com; Versammlung © Getty Images/iStock/Rawpixel; Waldkindergarten © Martin - stock.adobe.com; Waschküche © Hero Images - stock.adobe.com; Werkstatt © astrosystem - stock.adobe.com
S. 113: Löwe © Seymour - stock.adobe.com; Schwein © Simone van den Berg - stock.adobe.com; Hase © sebgsh - stock.adobe.com; Affe © Kitch Bain - stock.adobe.com; Goldfisch © dionoanomalia - stock.adobe.com; Ente © Jutta Adam - stock.adobe.com; Fliege © Aukid - stock.adobe.com; Giraffe © Peter - stock.adobe.com; Mücke © Getty Images/E+/FrankRamspott; Krokodil © katrin sauerwein/EyeEm - stock.adobe.com; Schildkröte © ronstik - stock.adobe.com; Ü3a von links nach rechts © Getty Images/iStock/samuii, © Getty Images/iStock/Color_life , © Getty Images/iStock/Abscent84
S. 114: Reihe 1 von links nach rechts © Getty Images/iStock/Mykyta Dolmatov, © Getty Images/iStock/SpicyTruffel, © Getty Images/iStock/Color_life; Reihe 2 von links nach rechts © Getty Images/iStock/aseq, © Getty Images/iStock/BRO Vector, © Getty Images/iStock/Yuliya Pushchenko
S. 121: Papierhintergrund © Getty Images/iStock/Eplisterra
S. 122: Geldsack © Getty Images/E+/t_kimura
S. 123: Pappbecher © Getty Images/iStock/Veronika Ryabova; Geldbeutel © PantherMedia/masic75

Alle weiteren Fotos: Alexander Sascha Keller, München
Illustrationen: Michael Mantel, Barum
Bildredaktion: Natascha Apelt, Hueber Verlag, München

Inhalt der CD
CD 1: Hörtexte zum Arbeitsbuch Lektionen 1 – 6
CD 2: Hörtexte zum Arbeitsbuch Lektionen 7 – 12

Sprecherinnen und Sprecher: Angelika Bender, Peter Frerich, Walter von Hauff, Verena Rendtorff, Patricia Strasburger, Alexander Wohnhaas
Produktion: Atrium Studio Medienproduktion GmbH, München; Tonstudio Graf, Puchheim